事例で読み解く
12の視点

図でわかる経営マネジメント

雨宮 寛二

keiso shobo

はじめに

経営マネジメントが見直される時代の到来

　不確実性は，時代の経過とともにその勢いを急速に増しています。インターネットが商用化してから30年余りが経過して，あらゆるモノがインターネットに接続され，消費者の行動がトラッキング（追跡）される時代になりました。企業は，ビッグデータを解析し消費者の行動を読み取り，次に消費者が何を求めているのか，どのように消費するのかを予測して，商品の開発やサービスの追求に繋げています。解析には，機械学習や深層学習の手法が使われ，AI（人工知能）の技術は日進月歩で進化しています。

　このような時代になった今，事業の行く末を見通すことは，たとえ数ヶ月先であっても難しくなりました。なぜなら，世の中の変化が加速しているからです。こうした変化に追いついていくために，企業には何が求められているのでしょうか。戦略を「顧客価値を生み出す独自性の追求」と捉えれば，企業が戦略を着実に遂行するためには，経営マネジメントという基盤がしっかりと構築されていなければなりません。それは，人材のマネジメントであり，組織のマネジメントであり，事業のマネジメントであります。

　人材や組織，事業などのマネジメント基盤がしっかりと構築できていれば，たとえ社会や経済における突発的で予測不能な事象が起きたとしても，企業はそれを乗り越えていけます。ひとつの事業をマネタイズ（収益化）し，コア事業に孵化させることは容易なことではありません。現代の企業経営にとって，事業化を果たすまでの道のりだけではなく，利益を恒常的に創出しながらコア事業として持続させていく過程においても，経営マネジメントは必要不可欠なのです。

本書の特徴

　本書では，各章の冒頭に「事例紹介」を入れて，現実の経営マネジメントの

問題が理解できるようになっています。事例はいずれも各章のテーマに沿った内容になっており，事例を読み解くために必要な経営の専門用語は，事例紹介の後に続く経営マネジメントの手法や理論から引用できるようになっています。そのため，経営マネジメントの手法や理論は，理解しやすいように箇条書きで説明しています。このような構成にしているのは，そうした経営手法や理論が，現実の経営マネジメントの問題に沿ったものである必要があると考えるからです。

　経営理論や用語を説明するうえで，できるだけ図表を挿入するようにしました。図表は各章の理論や用語ごとに最低でも一つは必ず入れて，理解しやすいように工夫しています。

　また，事例は，成功事例を中心に構成し，できるだけ最新の内容を紹介するようにしています。対象企業として，トヨタやソニー，日立など日本を代表する老舗企業を取り上げる一方で，ロート製薬，マイクロソフト，コマツ，良品計画，サイバーエージェントなど，幅広い業種から経営マネジメントを捉えることができるようにしています。

　このような特徴を基に，本書は幅広い層の読者を想定して執筆しています。経営マネジメントをゼロから学びたい人，本格的に勉強したい人，現実の企業動向を知りたい人，経営上の問題解決の手法を習得したい人，マネジメント事例を理解したい人などです。

本書の構成

　本書は，経営マネジメントをテーマにして，13章で構成されています。

　第1章は，「会社の基本的な仕組み」です。トヨタが，柔軟な人材配置のための仕組み作りとして2019年から取り組むトップ・マネジメント体制の変革を事例で紹介しながら，会社の種類や目的，機能などを説明します。

　第2章は，「経営の基礎知識」です。ソニーが，ビジネスの成長と社会的課題解決との両立を目指すために，現在取り組むESG経営を事例で紹介しながら，パーパス・マネジメントや企業統治などを取り上げます。

　第3章は，「経営管理の生成と発展」です。ロート製薬が社員の成長を促すために，働き方改革として近年導入した副業や兼務制度を事例で紹介しながら，

経営管理の意味や考え方を解説します。

第4章は，「経営戦略論」です。ヤマハが，リーマンショック以降V字回復を果たした損益分岐点経営の詳細を事例で紹介しながら，戦略の意味や企業ドメインの設定，多角化戦略，コア・コンピタンスなどを説明します。

第5章は，「企業戦略のマネジメント」です。テクノロジー分野で確固たる地位を築き上げたマイクロソフトが，コア事業のビジネスモデルを転換して企業価値を高めた事例を紹介しながら，経営資源の適性配分，プラットフォーム・リーダーシップ戦略などを解説します。

第6章は，「競争戦略のマネジメント」です。サイバーエージェントが，経営環境の変化に対応して3度にわたり成し遂げた事業転換の事例を紹介しながら，ポジショニング・アプローチや経営資源アプローチなどを説明します。

第7章は，「イノベーションのマネジメント」です。コマツが，デジタル化により施工プロセスの最適化を実現したオープン・イノベーションの事例を紹介しながら，イノベーションの考え方やマネジメントなどを取り上げます。

第8章は，「グローバル戦略のマネジメント」です。ホンダが，需要地生産と収益性の両立を図るために世界6極体制で展開したグローバル戦略を事例で紹介しながら，企業の国際参入形態や組織の海外進出プロセスなどを説明します。

第9章は，「マーケティング論」です。良品計画が，日本と海外で市場拡大を図るために価格に見合う価値を消費者に浸透させたブランド戦略を事例で紹介しながら，STPマーケティングや消費者行動モデルなどを解説します。

第10，11章は，「組織論」です。アイリスオーヤマが恒常的に新商品を開発できる仕組みや日立が果たした組織の改革を事例で紹介しながら，意思決定のマネジメントや管理原則，コンティンジェンシー理論などを取り上げます。

第12章は，「モチベーション論」です。サントリーが，2014年に買収した米蒸留酒大手のビームを統合して社員モチベーションを向上させた戦略を事例で紹介しながら，モチベーション理論の目的や効果などを解説します。

第13章は，「リーダーシップ論」です。恒常的にコア事業を構築し成長させることを可能にした日本電産のリーダーシップ戦略を事例で紹介しながら，資質理論や行動理論，変革型リーダーシップ理論などを説明します。

本書の使い方

　本書は，全13章が個々に独立して構成されているので，どの章から読み始めても，理解できるようになっています。

　各章を読み進めるにあたり，最初に冒頭の「事例紹介」を読むことをお勧めします。事例紹介には，各章のテーマを俯瞰できる内容が盛り込まれているので，その後に続く経営マネジメントの手法や理論を理解する手助けをしてくれます。

　経営マネジメントの手法や理論は箇条書きによる説明になっているので，知りたいもしくは理解したい経営の専門用語がある場合には，辞書を引く方法にならって確認すれば，その意味が理解できるようになっています。

　経営マネジメントの手法や理論，用語ごとに図表を用意してあるので，最初に図表の内容を確認したうえで，本文を読んでも理解できるようになっています。

　事例紹介では，事例を読み解くために必要な経営の専門用語が，事例紹介の後に続く経営マネジメントの手法や理論から引用できるようになっているので，事例を読み進めながら各章のテーマに沿った手法や理論についての理解を深めることができます。

謝辞

　本書の出版にあたり，勁草書房の多くの方々にご協力をいただきました。特に，編集部の宮本詳三氏には，企画，編集，校正のそれぞれの段階で多大なご尽力をいただきました。ここに心から感謝の意を記します。また，本書の執筆にあたり，環境を整え支えてくれた妻といつも温かい言葉をかけて励ましてくれた子供たちに厚く感謝します。

2021年3月

雨宮寛二

目　　次

第9章　マーケティング論 ———————————— 125

【事例紹介】価格に見合う価値を消費者に浸透させた良品計画のブランド戦略

第10章　組織論 I ———————————————— 143

【事例紹介】アイリスオーヤマの危機をチャンスに変える「仕組み至上主義」徹底の経営

第11章　組織論 II ———————————————— 161

【事例紹介】未曾有の経営危機から業績回復を果たした日立の顧客志向への意識改革

図でわかる経営マネジメント

―事例で読み解く 12 の視点―

第1章　会社の基本的な仕組み

【事例紹介】トヨタ自動車による新たなるトップ・マネジメント体制への移行

　トヨタ自動車**株式会社**（☛**本章：7頁**）（トヨタ）は，2019年1月から新たな役員体制に移行した（図表1-1）。社長以下の**執行役員**（☛**本章：9頁**）55人を23人へと大幅に減らしたのである。具体的には，副社長6人とフェロー1人は現状維持のままとし，専務役員は執行役員の名称で据え置くものの，常務役員と役員待遇である常務理事のポストは廃止され，常務理事と常務役員は，基幹職の1級（部長級）・2級（次長級）とともに，新たに作られる「幹部職」という役職で括られることになった（図表1-1）。

　この役員体制の変更と幹部職の設定は，経営のさらなるスピードアップに加え，現場に根差した専門性と人間性を兼ね備えたプロ人材の育成を狙いとしたものである。目まぐるしく変化する外部環境の中で，構造改革に伴う重点課題などに早急に対応するためには，柔軟な人材配置のための仕組み作りが**トップ・マネジメント**（☛**本章：11頁**）体制には欠かせない。

　2020年1月には，この体制にさらなる見直しが図られ，領域長を廃止し代わりに統括部長と**フェロー**（☛**本章：10頁**）を新設している。また4月には，副社長と執行役員を「執行役員」に一本化することで両者を同格としたうえで，チーフオフィサー，カンパニープレジデント，地域CEO（☛**本章：10頁**），各機能担当に分け，役割を明確化している。そのうえで，役割は固定せずに適任者を配置できるよう柔軟性を持たせている。

　さらに7月には，従来進めてきた「適材適所」の考えに基づくさまざまな改革をより一層推し進め，機能を超え社長と会社全体を見据えて経営を進めるメンバーを「執行役員」と再定義し，プレジデント，地域CEO，本部長は，現場で即断即決即実行を進める役割の担い手として，権限を委譲するとともに，「幹部職」に一本化している。

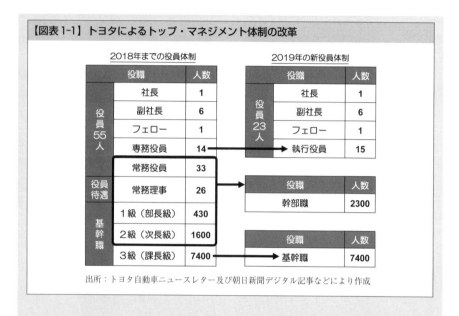

【図表1-1】トヨタによるトップ・マネジメント体制の改革

2018年までの役員体制

	役職	人数
役員 55 人	社長	1
	副社長	6
	フェロー	1
	専務役員	14
役員 待遇	常務役員	33
	常務理事	26
基幹職	1級（部長級）	430
	2級（次長級）	1600
	3級（課長級）	7400

2019年の新役員体制

	役職	人数
役員 23 人	社長	1
	副社長	6
	フェロー	1
	執行役員	15

役職	人数
幹部職	2300

役職	人数
基幹職	7400

出所：トヨタ自動車ニュースレター及び朝日新聞デジタル記事などにより作成

　このように，トヨタは，CASE（Connected：コネクティッド，Autonomous：自動化，Shared：シェアリング，Electric：電動化）と呼ばれる新しい領域での技術革新が進む中で，トップ・マネジメントのスリム化を図ることで，適材適所が可能な柔軟な配置を早急に組めるようにして，直面する経営課題や外部環境への変化などに俊敏に対応する考えである。

　トヨタは，こうしたトップ・マネジメントの改革により，CASEを本格的に具現化し，その実用化への道を着実に歩み始めている。2021年1月には「ウーブン・プラネット・ホールディングス（Woven Planet Holdings）」を設立し，自動運転技術の開発とスマートシティーと呼ばれる次世代のまちづくりの事業に取り組む意向を示した。

　ウーブン・プラネット・ホールディングスは，トヨタと豊田章男社長が個人として**出資**（☛**本章：5頁**）し立ち上げた会社で，2020年1月の役員体制の変更で新たにシニアフェローに就任したジェームス・カフナー氏をCEOに抜擢した。

　ジェームス・カフナーCEOは，車を動かすためのソフトウェアを，スマー

トフォン（スマホ）と同様に通信を使って自動でアップデートする仕組みを開発するほか，すべての運転操作をシステムに任せる完全な自動運転を目指して開発した車を，2021年内にも都内の一般道で披露する意向を示している。

また，次世代のまちづくりについては豊田大輔シニア・バイス・プレジデントを抜擢し，ウーブン・シティ（Woven City）プロジェクトを通じて，静岡県裾野市でスマートシティーの実現に向けた新技術の実証実験を行い，幸せ溢れるまちづくりの構築を目指している。具体的には，自動運転を始めとして，MaaS（Mobility as a Service）やロボット，スマートホーム技術，AI（人工知能）技術などの導入や検証が可能な実証都市を作る試みである。

一連の役員体制の改革により，トヨタは役員構成をスリム化しフラット化した。マネジメントの分散や**意思決定**（☛ 第10章：150頁）の効率性を高めることに加え，いかなる状況でも最適な人材を抜擢し最適なポジションに配置できるという柔軟性を取り入れることで，最も適任とされる人材が**リーダーシップ**（☛ 第13章：191頁）をとり，最適なプロジェクトチームを状況に応じて組めるという体制を構築しつつある。経営トップと密に連携し，CASEを見据えた**全社戦略**（☛ 第4章：47頁・第5章）の策定や経営課題の解決を推進することで，事業環境の変化に圧倒的なスピード感を持って臨めるかが問われることになる。

1. 企業の考え方と会社の基本的な仕組みとは

- ●「企業」も「会社」も，顧客が必要とする製品やサービスを生産し販売するといった事業活動や経済活動を行っている組織を意味するが，「会社」は，会社法に基づき，「法人化」することで初めて会社として認められる（会社法第3条）（図表1-2）。

- ●法人化とは，個人事業主として事業を行っている者が，株式会社などの「法人」を設立して，その法人組織により事業を引き継いで行っていくことを指す。

- ●事業活動を行うためには，多くの経営資源が必要とされる。ここで言う経営資源とは，「ヒト」「モノ」「カネ」といった有形財産に加え無形財産である「情報」の4つを指す。これらの中で，事業の運転資金（working capital）などで必要となる資金は「出資」の形で提供される。

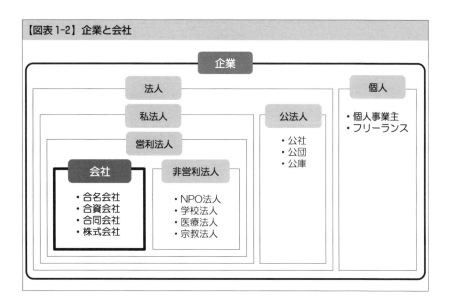

【図表1-2】企業と会社

企業

法人
　私法人
　　営利法人
　　　会社
　　　　・合名会社
　　　　・合資会社
　　　　・合同会社
　　　　・株式会社
　　　非営利法人
　　　　・NPO法人
　　　　・学校法人
　　　　・医療法人
　　　　・宗教法人
　公法人
　　・公社
　　・公団
　　・公庫

個人
・個人事業主
・フリーランス

- 出資とは，株式や持分などの一定の地位を取得する形で財産を提供することを指し，貸付のように，貸した金額が保証され返還されるものではないため，事業が行われているうちは資金が提供され続け，事業で損失が出た場合には資金が減ってしまうことになる。
- 出資などにより，会社は社会から経済的な成果として，利潤を生み出すことが第一義的に要請される。このように，一般的には，企業は営利を追求するためにあると考えられがちであるが，ドラッカー（Drucker, P. F.）は，「利益は企業活動を支える最低条件でしかなく，それが目的なのではない」とし，会社は，「顧客の創造」という社会に貢献するために存在すると主張している。ここで言う顧客の創造とは，顧客が求める製品やサービスをいち早く察知し，その欲求に見合ったものを提供することである。
- 個人事業主は，個人で事業を行う形態で，いわゆる自営業者であり，たとえば，○○商店などの屋号を作り税務署に「開業届」を提出した時点で個人事業主となる。

【図表1-3】企業の種類と特徴

項目	区分	出資者	責任範囲	譲渡制限	運営主体
合名会社	持分会社	社員	無限	社員全員の承認が必要	全社員
合資会社		社員	無限・有限		
合同会社		社員	有限		
株式会社	公開会社	株主	有限	原則譲渡自由	会社機関
	非公開会社	株主	有限	会社の承認が必要	

2. 会社の種類と目的とは

● 会社法では，4種類の会社，すなわち，合名会社，合資会社，合同会社，株式会社の設立が認められている（図表1-3）。

● 会社法では，会社は出資者からなる「社団法人」であると規定されている。そのため，その構成員である出資者は「社員」（ここでの社員は，通常の会社員や従業員を意味する社員とは異なる）と呼ばれる。

● 会社の債務に対して，出資者が個人の財産を用いて，すべて支払わなければならない義務がある社員は「無限責任社員」と呼ばれ，他方，出資金がゼロになれば，それ以上債務に対して支払い責任が発生しない出資者は「有限責任社員」と呼ばれる。

● 合名会社は無限責任社員のみからなり，合資会社は無限責任社員と有限責任社員の両者を社員としている。他方，合同会社と株式会社は有限責任社員のみからなる。

● 会社法では，「持分会社」と「株式会社」の2つに会社形態が分けられており，会社を設立する際には，どちらで設立するか決めなければならない。

● 持分会社は，合名会社，合資会社，合同会社の総称である（会社法第575条）。株式会社では，出資者である株主が有する権利を「株式」と呼ぶのに対して，これらの会社では，社員の地位を「持分」と呼ぶ。持分会社では，持分の自由な譲渡は制限されていて，持分の譲渡にあたっては，社員全員の承認が必要とされる。

● 株式会社では，出資したことの権利が「株式」の形で分割されているため，

権利の移動は、この株式を売買する形で行われる。株式会社には、自由に株式の譲渡が可能な「公開会社」と、株式の譲渡にあたり会社の許可が必要な「非公開会社（株式譲渡制限会社）」とがある。

3. 株式会社の会社機関とは

- 株式会社の企業形態は、不特定多数の投資家から出資を集めることを前提としている。株式会社では、出資が多く集まれば集まるほど、出資者である株主の数は増える。そのため、多人数の株主の合議により、会社を運営することは不可能となることから、何らかの会社運営を行うための仕組みが必要となる。

- こうした会社運営を行うための仕組みとして、株式会社では、会社機関（株主総会や取締役会など）の設置が法律で規定されている。たとえば、会社法第295条には、すべての株式会社は「株主総会」を置かなければならないと定められている（図表1-4）。

- 株主総会は、株式会社の最高意思決定機関として、出資者の株主の意志が議決権を行使する形で反映される。議決権は、持株数に比例して与えられる。

- 企業経営のすべての意思決定を株主総会で行うことは不可能であり、株主総会を頻繁に開くことができないことから、実質的に企業経営を行うしかるべき人物と機関を決めることが必要となる。すなわち、株主総会で選任された「取締役」と、取締役により構成される「取締役会」がこの任にあたることになる。

- 株主は、出資した見返りとして配当を期待していることから、きっちりと配当が得られるよう、株主総会で会社の運営に関する基本的な方針を決定する。

- 株主総会は、議決権の過半数を有する株主の出席で成立し、出席株主の議決権の過半数で決する。株主総会には、「定時株主総会」と「臨時株主総会」の2種類がある。

- 定時株主総会は年1回決算の発表後に開かれ、臨時株主総会は会社の合併や分割など経営に関する重大な事項が発生した際に行われ、時期や回数に

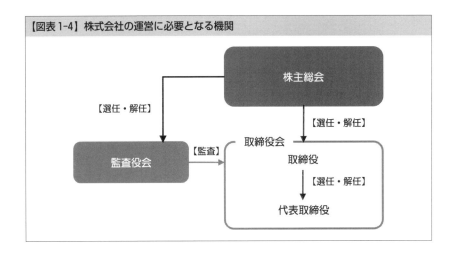

【図表1-4】株式会社の運営に必要となる機関

株主総会

【選任・解任】

【選任・解任】

監査役会

【監査】

取締役会

取締役

【選任・解任】

代表取締役

制限はない。

4. その他の会社機関とは

- 取締役会などが行う意思決定は法律に基づくものであることから，招集方法や決議方法などの要件が厳格に規定されているが，業務執行についてはこうした厳格な要件は定められているわけではない。それゆえ特定の業務に関係する取締役だけが集まって業務方針を決めたり，少数の取締役のみで方針を決めたりすることがある。

- 取締役の人数が多い会社では，取締役会とは別に常勤役員会議や経営会議など，法律で規定されていない任意の会議が設定されることがある（図表1-5）。たとえば，経営会議のメンバーを取締役会長や取締役社長など一部の取締役の他に事業部長などの幹部社員などで構成される場合がある。

- 近年，経営の透明性を高めることを目的として，取締役会制度を見直し，経営の意思決定や監督機関である取締役会と，その意思決定に基づく業務執行機能としての執行者を分離する傾向がある。

- 執行者は「執行役員」と呼ばれ，こうした執行役員制では会社で特定の事業部門長などの地位にあり，取締役会の決定に従い業務遂行の責任と権限を持つ経営執行者が業務執行を行う役割を担う。執行役員制度を採用する

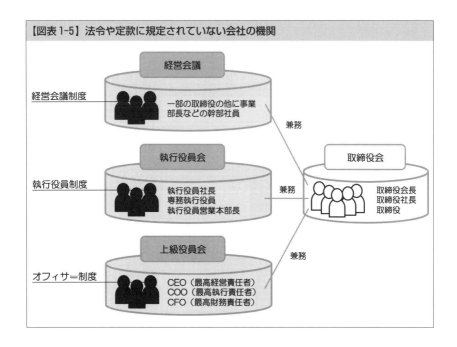

【図表1-5】法令や定款に規定されていない会社の機関

経営会議制度 — 経営会議 — 一部の取締役の他に事業部長などの幹部社員

執行役員制度 — 執行役員会 — 執行役員社長／専務執行役員／執行役員営業本部長

オフィサー制度 — 上級役員会 — CEO（最高経営責任者）／COO（最高執行責任者）／CFO（最高財務責任者）

取締役会 — 取締役会長／取締役社長／取締役

兼務

会社では，取締役を少人数に限定して大局的な視点で意思決定を行う一方で，執行役員には事業に精通した人をあて機動的に業務を遂行できるようにしている。

●フェローとは，研究所や大学などの研究機関に所属して研究職に従事する研究員などに与えられる職名または称号を指す。企業の他にも，研究所や大学，シンクタンクなどにも見られる。

●執行役員制度よりもさらに業務執行の専門性を強化した制度として，「オフィサー制度」がある。これは米国にならった制度で，米国では法律上の役員であるDirectorが意思決定を行う一方で，業務執行は，CEO（Chief Executive Officer：最高経営責任者）やCOO（Chief Operating Officer/Chief Operations Officer：最高執行責任者），CFO（Chief Financial Officer：最高財務責任者），CLO（Chief Legal Officer：最高法務責任者），CTO（Chief Technical Officer/Chief Technology Officer：最高技術責任者）などの肩書を持つ人たちが業務執行の役割を担う。

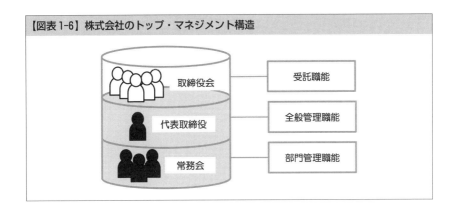

【図表1-6】株式会社のトップ・マネジメント構造

取締役会 ── 受託職能

代表取締役 ── 全般管理職能

常務会 ── 部門管理職能

5. 株式会社のトップ・マネジメント構造とは

- 株式会社制度は，経営判断を行う「株主総会」，経営判断の執行を管理する「取締役会」，さらには，会計監査並びに業務監査を行う「監査役会」による三権分立型の経営システムである。

- 多くの社員や従業員が業務に従事する組織では，トップ・マネジメントも代表取締役（社長）だけで行うことができないことから，トップ・マネジメントの機能も分担して行っている。

- トップ・マネジメントの管理機能は，トップ・マネジメントの職能として，「全般管理職能」，「部門管理職能」，「受託職能」の３つに分化し階層化している（図表1-6）。

- 全般管理職能では，取締役会の決定である経営の目標や戦略の実現を図るため，会社全体の業務の方向付けを行ったり制御したりすることが主たる管理機能となる。

- 部門管理職能では，全般管理の下で，個別事業や各職能部門の経営管理に関する役割や責任を果たすよう，部門内の業務の方向付けを行ったり制御したりすることが主たる管理機能となる。

- 受託職能では，株主の利益を保護し，全般管理の前提となる基本方針を決定し，その成果を確認することが主たる管理機能となる。

- 全般管理職能は代表取締役が，部門管理職能は常務会が，受託職能は取締役会が，それぞれ遂行する。

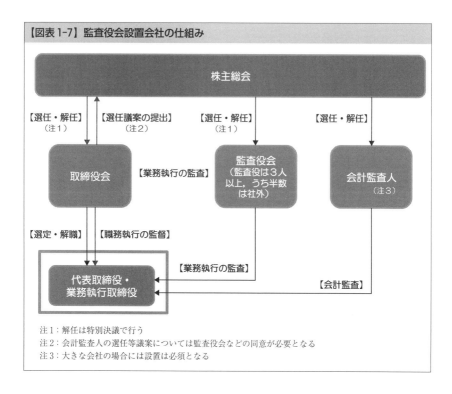

【図表 1-7】監査役会設置会社の仕組み

株主総会

【選任・解任】（注1） 【選任議案の提出】（注2） 【選任・解任】（注1） 【選任・解任】

取締役会 　【業務執行の監査】　 監査役会（監査役は3人以上，うち半数は社外） 　会計監査人（注3）

【選定・解職】 【職務執行の監督】

代表取締役・業務執行取締役 　【業務執行の監査】　 【会計監査】

注1：解任は特別決議で行う
注2：会計監査人の選任等議案については監査役会などの同意が必要となる
注3：大きな会社の場合には設置は必須となる

- 株式会社では，企業を実質的に運営し経営する全般管理職能と，それを監督する受託職能という，2つの相矛盾する職能を果たす組織が，どのように配置されているかが重要となる。

6. 株式会社の会社機関のあり方とは

- 会社法では，会社機関のあり方を「監査役会設置会社」，「指名委員会等設置会社」，「監査等委員会設置会社」の3つの種類から選択することになっている。
- 監査役会設置会社は従来型の会社機関で，監査役会を置かなければならない株式会社を指す（会社法第2条10号）（図表1-7）。3人以上の監査役を置くことが必要で，そのうち半数以上は社外監査役であることが義務付けられている（第390条第3項）。近年「執行役員制」の導入が進んでいる。こ

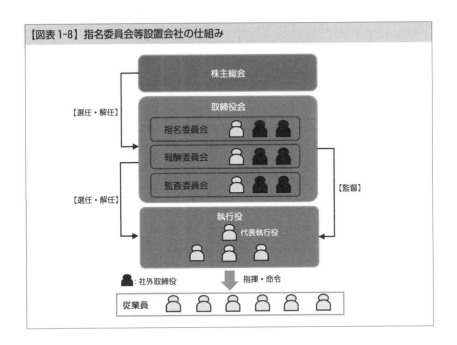

【図表1-8】指名委員会等設置会社の仕組み

の制度は，人数が多くなり過ぎた取締役会をスリム化することで，意思決定と実行の迅速化を実現し，全社戦略の意思決定と事業部門における業務執行とを分離することを意図して設けられた制度である。

●指名委員会等設置会社は，旧来の監査役会設置会社に対する批判，たとえば，監査役の権限が弱い，執行と監督の分離が明確ではない等，主に外国人投資家からの指摘を是正して，2003年4月の商法特例法改正により新たに加えられた機関である（図表1-8）。

●指名委員会等設置会社では3つの委員会が設けられ，各員会を通じて経営の監督を行う。3つの委員会とは，「指名委員会（誰が経営を行い執行役を誰にするかを決定する）」，「報酬委員会（経営者の報酬を決定する）」，「監査委員会（取締役及び執行役の職務が適正か否かを監視し株主総会に提出する会計監査人の選任・解任，不再任に関する内容を決定する）」である。各委員会は3人以上の取締役で構成し，そのうち社外取締役を過半数置かなければならない。

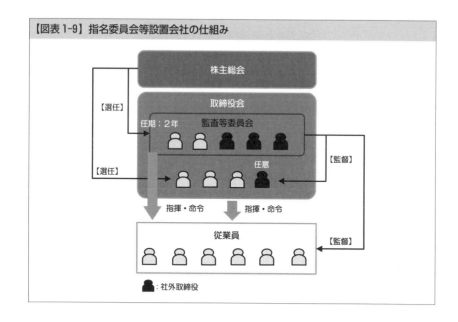

【図表1-9】指名委員会等設置会社の仕組み

●監査等委員会設置会社は，監査役会設置会社と指名委員会等設置会社の折衷的な制度で，監査役会の職務を取締役会内に設置された監査等委員会が取り行うものである。2015年5月の会社法改正時に盛り込まれた3番目の選択肢である（図表1-9）。

第2章　経営の基礎知識

【事例紹介】投資家視点を踏まえた開示と対話強化によるソニーのパーパスドリブン型経営

　現在ソニー株式会社（ソニー）の社長を務める吉田憲一郎氏が，前任の平井一夫氏から社長を引き継いだのは，2018年の4月である。吉田社長は，出井氏が社長を務める時代からソニーの中枢にいてネットワーク事業の立ち上げなどを経験し，平井社長時代には**CFO（最高財務責任者）（☛第1章：10頁）**を務めながら経営のスリム化を財務面からサポート・管理し，2017年からの業績回復に寄与した。

　吉田社長は，社長就任1年目から毎年，**ESG（Environment, Social, Governance）（☛本章：19頁）**説明会を開催し，環境や社会，ガバナンスに関する**情報開示（☛本章：27頁）**に加え，ソニーがESG経営に本腰を入れて取り組み，ビジネスの成長と社会的課題解決との両立を目指した経営姿勢を示して，**投資家（☛本章：27頁）**やアナリストなど**ステークホルダー（☛本章：22・25頁）**の信頼を得ることに努めている。

　こうしたビジネスの成長と社会的課題解決の両立を目指すために，2019年1月には吉田社長のイニシアティブで，「Sony's Purpose & Values」（ソニーの存在意義と価値観）を掲げて，ソニーが何のために存在するのかとの視座から，グループ全体のすべての活動の原点となる考えを示している。

　ここで言う**パーパス（存在意義）（☛本章：18頁）**とは，「クリエイティビティとテクノロジーの力で世界を感動で満たす」ことであり，バリュー（価値観）とは，「夢と好奇心」「多様性」「高潔さと誠実さ」「持続可能性」の4つを指している。

　吉田社長は，『DIAMONDハーバード・ビジネス・レビュー』2020年7月号のインタビューで，「4つのバリューは，創業者たちが大切にしていた価値

観です。私の中では，特に「夢と好奇心」は井深さん，「多様性」は盛田さんがソニーにもたらし，後進である私たちに託した価値観だと思っています」と説明したうえで，「存在意義と価値観を明確にし，それをしっかりと共有できる経営チームをつくったうえで，誰に任せるかという**権限委譲**（☛ 第10章：153頁）をすること。そして，危機発生時にタイムリーに必要なアクションをとるためには，平時に会社の方向性を明確に定めておくこと。すなわち，パーパスやバリューをはっきりさせて，経営の判断基準を明確にしておくことが重要です」と述べている **［組織の管理原則］**（☛ 第10章：152頁）。

　他方で，ステークホルダーとの対話は，長期的な視点による**企業価値**（☛ 本章：27頁）や社会的価値の創出には不可欠であることから，2019年8月には，ソニーとして初めての統合報告書「Corporate Report 2019」を発行している。統合報告書では，ソニーの存在意義，価値創造の仕組みや基盤，創出する価値などに加え，ソニーグループ全体が取り組む事業ごとに，ありたい姿，事業の強み，注目する社会・技術変化，戦略などが示されている **［IR（投資家向け広報）］**（☛ 本章：27頁）。

　こうした経営が評価されて，一般社団法人日本IR協議会が主催するIR優良企業賞において，2020年にIR優良企業大賞を受賞している。これは，2018年と2019年の優良企業賞の受賞に引き続いての受賞である。

　その受賞理由として，日本IR協議会は，「経営トップが就任以来，投資家視点を踏まえて開示と対話を強化している。多様な事業を展開しているが，存在意義（Purpose），価値観（Values）などを基盤にして統合的に説明し，長期的な企業価値向上への信頼感を高めている。統合報告書では価値創造のプロセスを簡潔かつ具体的に説明し，グループ経営の方向性を明確にしている。IR DayやESG説明会などのイベントや経営層とのミーティングの設定も的確で，毎年改善に努める姿勢が評価されている」と評している。

　吉田社長は，自社のパーパスとバリューを明確化することにより，自社の存在意義や価値観を共有することが大切であることを改めて社員に認識させ浸透させた。パーパスやバリューの設定に際してはできるだけ多くの社員を巻き込み，ベクトル合わせを怠ることはなかった。そのため，それぞれの事業やプロジェクトにおいて，どの責任者やリーダーも現場で迅速に必要な判断を下し，

着実に成長を遂げている。そのうえ，このパーパスドリブン型経営は，危機に際しても想定通りに機能するに至っている。

　社会的価値を追求する姿勢が求められる現代の経営においては，自社の存在意義や価値観に基づき，既存事業で持続的に収益性を高める一方で，長期的な社会的価値に取り組むという両者のバランスをいかにとっていくかが問われることになる。

1. 経営とは何を意味するのか

- 会社には，「企業」，「事業」，「経営」の３つの役割がある（図表2-1）。
- 企業とは，会社の方針を定めるなどの役割を意味し，意思決定を行う役割を担う機関でもある。
- 事業とは，企業が決めた方針を具体的に実践する活動で，利益を獲得するための具体的な活動を意味する。たとえば，製造業では，原料や材料などを購入する「購買活動」，そうした原料や材料などを使って製造したり生産したりする「生産活動」，生産した製品やサービスを販売する「販売活動」といった一連の活動と，それを支える「労務活動」（労働力の調達や提供）や「財務活動」（資金の調達や提供）などである。
- コア事業とは，企業が営む複数の事業のうち，企業の中で相対的に競争力のある事業もしくは利益を生み出せる事業を指し，「中核事業」とも呼ばれる。コア事業には，成長戦略として経営資源を優先的に投下したり，選択と集中戦略においては，経営資源を集中的に投下したりする。
- 経営とは，企業の意思を実現するために，企業が定めた方針に基づき，継続的もしくは計画的に事業活動の管理や調整，維持を行うことを意味する。
- 経営の役割は，購買，生産，販売，労務，財務，法務などの事業活動をマネジメント（Management）することである。具体的には，企業の場（株主総会や取締役会など）で決定された方針などに従い，事業遂行のための意思決定を行ったり指揮をとったりする。この役割を担うのが，代表取締役社長や取締役などの「経営者」である。
- 経営にとって重要なのは，経営資源もしくはケイパビリティ（Capability：企業が保持する組織的な能力）を戦略的にいかにマネジメントできるかに

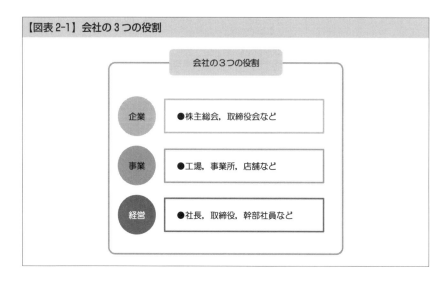

【図表2-1】会社の3つの役割

会社の3つの役割

企業	●株主総会，取締役会など
事業	●工場，事業所，店舗など
経営	●社長，取締役，幹部社員など

ある。それとともに，市場環境や競争環境といった外部環境への適応も十分図っていかなければならない。

●会社には，企業，事業，経営の3つの役割の他にも，監査役や監査役会，社外取締役など，事業や経営が適切に行われているかを監督する役割を担う。

●近年では，「パーパス・マネジメント」が注目されている。元来，パーパスとは目的を意味するが，経営では「存在意義」として用いられる。存在意義としてのパーパスの特徴は，企業内に閉じることなく社会に対して広く自社の存在意義を示すことである。そのため，パーパスには社会的意義が含まれるが，自分ごととして捉えて主体的に行動することも求められる。同時に，社内の人材に対して行動指針や判断基準を与える役割を持つ。

●パーパスは，経営理念やビジョン（Vision）とともに，戦略の上位概念として位置付けられる。全社戦略や事業戦略といった経営戦略は，一貫性が担保されたパーパスや経営理念，ビジョンの基に立案される。なぜなら，経営戦略がパーパスや経営理念に沿わなければ，企業が望ましい方向に進まないからである（図表2-2）。

●「経営理念」と「企業理念」は同義語で使われる場合が多いが厳密には異

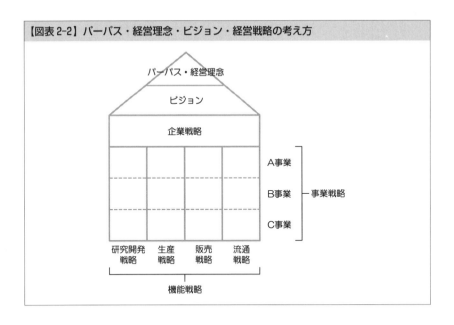

【図表2-2】パーパス・経営理念・ビジョン・経営戦略の考え方

パーパス・経営理念

ビジョン

企業戦略

A事業

B事業 ── 事業戦略

C事業

研究開発戦略　生産戦略　販売戦略　流通戦略

機能戦略

なる。経営理念は，経営者の経営的信条を表すもので，会社を経営するうえで大切にする根本的な考えである。多くの場合，創業者により定められた経営観を意味する。一方，企業理念は，会社の目的や意義，価値観などを表したもので，会社が最も大切にする基本的な考え方を指し，会社における意思決定や行動の基準となる。よって，経営理念は経営者の価値観，企業理念は企業全体の価値観と捉えることができる。

● ビジョン（Vision）とは，経営理念を実現するために，企業の将来のあるべき姿や将来像を示したもので，社員の行動規範や判断基準となったり，組織の統合を促したりする重要な役割を担うものである。

● ミッション（Mission）とは，個人や組織が社会において果たすべき使命や任務を意味する。企業においては企業が果たすべき使命を指し，具体的には，社会に対してどのような価値を提供するのか，事業を通して何を成し遂げるのかを示す。自社利益のためだけに事業を行うのではなく，社会にとっての企業としての意義を示すのがミッションとなる。

● ESG（Environment, Social, Governance）とは，企業が長期的な成長を遂

げるために，Environment（環境），Social（社会），Governance（企業統治）の3つの要素を重視する考え方である。ESG が注目されるようになったのは，2006 年の「PRI（Principles for Responsible Investment：責任投資原則）」の提唱がきっかけで，当時，国連の事務総長を務めていたアナン氏が投資家のとるべき行動（PRI）として ESG を推進した。最近では，「ESG投資」といった言葉でも使われるようになり，ESG が世界的に少しずつ普及しつつある。ESG 投資は，従来の売上高や利益を重視して投資するのではなく，環境，社会，企業統治の3つの観点から投資対象を選んでいく考え方である。

- SDGs（Sustainable Development Goals：持続可能な開発目標）とは，2015年9月に国連総会で採択された持続可能で多様性と包摂性のある社会実現のための目標で，『我々の世界を変革する：持続可能な開発のための2030アジェンダ』（Transforming our world: the 2030 Agenda for Sustainable Development）と題する成果文書で示された 2030 年に向けた具体的行動指針である。

- SDGs は，2030 年を年限として 17 の世界的目標（「貧困をなくそう」「飢餓をゼロに」など）と 169 の達成基準，244 の指標（2017 年の国連総会で採択）で構成されている。SDGs は，拘束力のない行動指針であるが，SDGs達成に向けての進捗状況を各国が自分たちで行い，そのレビューを毎年定期的に行っている。その取り組みは政府や自治体に限らず，民間企業にも及んでいる。各国の企業は経営戦略の中で SDGs を位置付け，積極的に取り組んでいる。

2. 所有と経営の分離とは

- 個人企業や中小企業などに見られるように，会社の所有者である出資者が，自らの意志に基づいて会社を自由に運営し，その結果，収益を得ている状態は，「所有と経営が一致している」ことになる（図表 2-3）。

- 他方で，企業が株主を募り，株式会社の形態をとることで，その規模が拡大すると，会社運営は会社機関を通じて行われることになり，必ずしも出資者である株主が経営に直接携わることができない可能性が生じることに

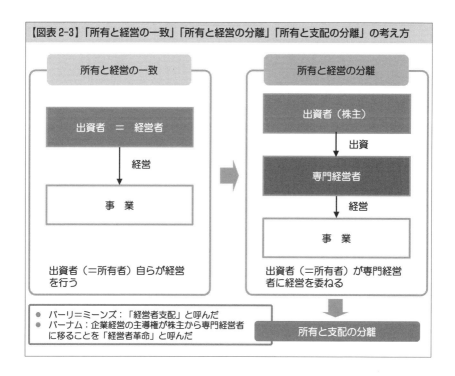

【図表2-3】「所有と経営の一致」「所有と経営の分離」「所有と支配の分離」の考え方

所有と経営の一致

出資者 ＝ 経営者

経営

事　業

出資者（＝所有者）自らが経営を行う

所有と経営の分離

出資者（株主）

出資

専門経営者

経営

事　業

出資者（＝所有者）が専門経営者に経営を委ねる

● バーリ＝ミーンズ：「経営者支配」と呼んだ
● バーナム：企業経営の主導権が株主から専門経営者に移ることを「経営者革命」と呼んだ

所有と支配の分離

なる。このように，会社規模の拡大により，実際の企業経営が出資者ではなく，経営の専門的な能力を有する「専門経営者」により行われるようになる状態を「所有と経営の分離」と言う（図表2-3）。

●所有と経営の分離の下では，出資者である株主は実際の企業運営に直接関わらず，「剰余金配当請求権（利益の一部を配当として受け取れる権利）」や「剰余財産分配請求権（会社清算時に残った財産を受け取れる権利）」，「議決権（株主総会で議決に参加できる権利）」の権利のみを有するだけの存在となる。

●株式会社が大規模化し，巨額の資金が調達されることで多くの株式が発行されるようになると，株主総会の議決を左右するような大株主が存在しない企業が増え，多くの株主が株主総会に出席せずに委任状を送付するのみで議決権を実質的に行使しないケースが多くなる。結果的に，経営陣を選

ぶのは，出資者である株主ではなく，あらかじめ候補者を選んだ取締役会が自らの手で次期経営陣を選ぶという「所有と支配の分離」が生じることになる（図表2-3）。こうした状況をバーリ＝ミーンズ（Berle, A. A. & G. C. Means）は，「経営者支配」と呼んだ。また，バーナム（Burnham, J.）は企業規模拡大に伴い複雑な経営問題対処に必要な専門知識や資質が生じることから，企業経営の主導権が株主から専門経営者に移ることを「経営者革命」と呼んだ。

3. 企業統治はなぜ重要なのか

- ●企業統治は，コーポレート・ガバナンス（Corporate Governance）の訳語で，「企業経営を管理したり監督したりする仕組み」を意味する。具体的には，「ステークホルダー（Stakeholder：利害関係者）」により，企業を統制したり監視したりする仕組みを指す。企業の不正行為を防止し，収益獲得能力や競争力を高めることで，長期的な企業価値の増大を図ることを狙いとしている（図表2-4）。

- ●企業が不正を行わず，株主や従業員，社会などに対して正当な行為を行うためには，企業統治が必要不可欠である。経営管理組織や内部統制システムを構築し機能させることで，企業の不正行為や経営者の暴走阻止を図ることが可能となる。

- ●このように，企業統治では，企業が株主などに対して忠実かつ十分な注意をもって活動することが求められるが，そのためには，株主などのステークホルダーへの説明責任や経営の透明性を図ることが重要になる。

- ●こうした目的を達成するために，さまざまな法整備がなされている。たとえば，資本金5億円以上または負債の額が200億円以上の大会社（会社法第2条第6項）への「内部統制システム」の義務付けの他に，比較的小規模な会社を対象にした「会計参与の設置」などの法整備に加え，「社外取締役制度」，「株主代表訴訟制度」などが法律で整備されている（図表2-4）。

- ●これらの他にも，企業統治のための方策としてさまざまな方法がある。たとえば，「指名委員会等の設置」である。指名委員会や監査委員会，報酬委員会の決定は拘束力を持っていることから，取締役の正当な人選と報酬

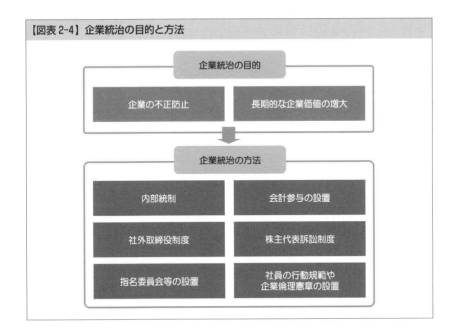

【図表2-4】企業統治の目的と方法

企業統治の目的

企業の不正防止

長期的な企業価値の増大

企業統治の方法

内部統制

会計参与の設置

社外取締役制度

株主代表訴訟制度

指名委員会等の設置

社員の行動規範や
企業倫理憲章の設置

が実行されることになり，不正を防止することができる。また，社員の行動規範や企業倫理憲章の設置なども，企業統治の有効な方法のひとつである。

4. 内部統制とは

- ●内部統制（Internal Control）とは，会社の事業が適切に行われ，組織の目的が効率かつ適正に達成されるよう，ルールや業務プロセスを整備・運用し，それを遵守するための仕組みや活動を指す。内部統制は企業統治の要である。
- ●企業会計審議会「財務報告に係る内部統制の評価及び監査の基準のあり方について」第3項（1）によると，内部統制は「企業等の，①業務の有効性及び効率性，②財務報告の信頼性，③事業活動に関わる法令等の遵守，④資産の保全の4つの目的達成のために企業内のすべての者によって遂行されるシステム」と定義されている（図表2-5）。

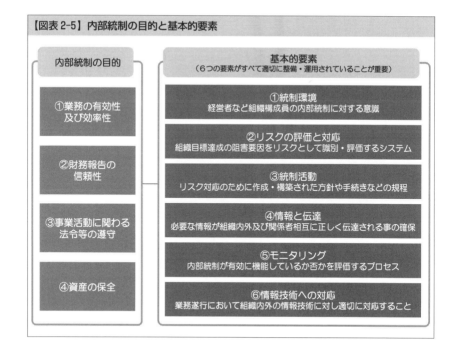

【図表2-5】内部統制の目的と基本的要素

内部統制の目的

①業務の有効性及び効率性

②財務報告の信頼性

③事業活動に関わる法令等の遵守

④資産の保全

基本的要素
（6つの要素がすべて適切に整備・運用されていることが重要）

①統制環境
経営者など組織構成員の内部統制に対する意識

②リスクの評価と対応
組織目標達成の阻害要因をリスクとして識別・評価するシステム

③統制活動
リスク対応のために作成・構築された方針や手続きなどの規程

④情報と伝達
必要な情報が組織内外及び関係者相互に正しく伝達される事の確保

⑤モニタリング
内部統制が有効に機能しているか否かを評価するプロセス

⑥情報技術への対応
業務遂行において組織内外の情報技術に対し適切に対応すること

- 内部統制は，1992年に米国のトレッドウェイ委員会支援組織委員会（Committee of Sponsoring Organizations of Treadway Commission：COSO）が，「内部統制の統合的枠組み」という報告書を公表して，注目されるようになった。このCOSO報告書は，1980年代の米国で不適切な財務報告を行う会社が多く現れたことから，まとめられたものである。

- 日本でも同様に，不適切な財務報告を行う会社が多く現れたことを契機にして，2006年施行の会社法で，大会社及び関連会社に内部統制が義務付けられた。

- 内部統制は，4つの目的を達成するための仕組みであるが，その仕組みは，「基本的要素」と呼ばれる6つの要素，すなわち，①統制環境，②リスクの評価と対応，③統制活動，④情報と伝達，⑤モニタリング，⑥情報技術への対応で構成されている（図表2-5）。

- 6つの基本的要素が，すべて適切に整備・運用されていることが，内部統

制において重要であり，こうした要素を基にした適切なプロセスを遺漏なく整備することにより，信頼性や効率性を確保することが企業に求められる。

5. 企業の社会的責任とは

- 企業の社会的責任（Corporate Social Responsibility：CSR）とは，「企業が事業活動を通じて，倫理的な観点から自主的に社会に貢献する責任」を指す。すなわち，企業は利益の追求だけでなく，広く社会全体に対し責任を果たし価値を提供していくべきとの考え方である。その社会的責任は，顧客や株主，従業員，地域社会といった会社の活動に影響を及ぼすステークホルダーに止まるものではない（図表 2-6）。

- 具体的には，コンプライアンス（法令遵守）といった倫理的な行動の遵守に加え，障害者雇用や環境対策などを積極的に行い社会に貢献することが期待されている。その背景には，近年，企業の社会的責任が注目されるようになり，私企業であっても，その規模が大きくなると，社会に与える影響が大きくなり，社会の中では「企業市民（Corporate Citizen）」として活動する必要があると認識されるようになったからである。

- 元来，企業とりわけ大企業は，用地の提供など行政からの便益の享受など，公器としての性格が強かったことから，企業が社会に価値を還元するのは自然なことであった。その手法は，製品やサービス，雇用の提供，納税などに偏っており，企業が自社の事業活動に邁進することが社会に価値を還元することであると考えられていた。しかし，1990 年以降先進国では，こうした単純な考え方は通用しなくなり，単に自社の利益を上げることだけを目的とするのではなく，より広範に社会に責任を果たすことが求められるようになった。

- 企業は，さまざまな社会的問題に企業市民として積極的に取り組むことが，自社のブランド価値や競争力を高め，ひいては会社の「持続可能性（Sustainability）」を高めることにつながるとの考え方をとるようになりつつある。

- CSR をさらに発展させた概念として CSV（Creating Shared Value：共有価

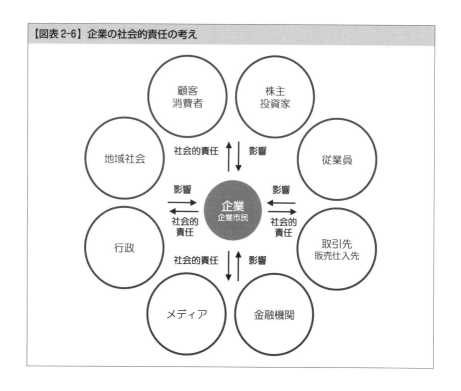

【図表2-6】企業の社会的責任の考え

顧客
消費者

株主
投資家

地域社会

社会的責任 / 影響

従業員

影響 / 社会的責任

企業
企業市民

影響 / 社会的責任

行政

取引先
販売仕入先

社会的責任 / 影響

メディア

金融機関

値の創造）がある。CSV はハーバード大学教授のマイケル・ポーター (Porter, M. E.) が 2011 年に『経営戦略論』の中で「CSV 経営」として提唱した概念である。

●ポーターは，従来企業が行っていたような寄付や慈善活動などでは社会問題を解決するには至らないと指摘し，企業が社会性の高い事業を行うことで，社会問題を家解決する（「社会価値」）と同時に，自社の利益も生み出す（「企業価値」）ことができ，それが企業の本来のあるべき姿であると主張している。

●このように，CSV は，本業として社会問題に取り組むことを意味する。そのため，利益を重視しないで義務的に行う CSR とは異なり，「利益を獲得する」ことを視野に入れて，社会的に意義のある事業を行う点が CSV の特徴となる。本業として主体的に社会問題の解決に取り組むことから，CSV

経営の方が，社会貢献の効果は高いといえる。本業として社会問題に取り組むことで，多くの消費者に良い企業イメージを持ってもらえることになり，その点が CSV 経営で得られる最大のメリットとなる。

6. 投資家との関係がなぜ重要なのか

- インベスター・リレーションズ（Investor Relations：IR）とは，「投資家向け広報」と呼ばれ，企業が株主や投資家に対して，経営状況や財務状況，業績動向に関する情報など投資判断に必要な企業情報を公平かつ適宜，継続して開示し（情報開示：Disclosure）提供する活動を指す（図表 2-7）。
- IR により，企業は資本市場で適切な評価を受け，円滑な資金調達（ファイナンス）を行うことが可能となる一方で，株主や投資家は，投資対象の企業情報を効率よく収集することができる。
- IR という言葉を最初に使ったのは，1953 年に IR の担当部署を発足させたゼネラル・エレクトリック（GE）であると言われている。米国で実際に IR が本格化したのは 1990 年代に入ってからで，日本では 1990 年代後半以降に IR への取り組みが急速に活発化した。
- 投資判断に必要な情報と言えば，金融商品取引法などの定めにより開示が義務付けられている有価証券報告書など「制度的開示」が一般的であるが，IR は制度的開示に止まらず，企業が自主的に行う情報提供活動を指す。
- IR は企業の取り組み次第で結果が大きく異なり，IR により信用を高める企業もあれば，逆に信用を失って市場の評価（「市場価値」）を下げる企業もある。ここで言う市場価値とは，株価に発行済み株式数を乗じて算出する株式時価総額を指し，上場企業の「企業価値」の大きな部分を占める。
- 企業価値とは，会社全体の経済的価値を指し，具体的には企業が将来にわたり生み出すキャッシュ・フローの現在価値（将来発生するキャッシュが現時点でどのくらいの価値があるかを判断する指標）を意味する。企業価値は，市場から見た企業の魅力でもあることから，企業価値を高めれば融資などの資金調達がしやすくなる。なお，企業価値は，時価総額だけでなく負債もあわせて価値とみなされることから，時価総額に有利子負債を加えた価値が企業価値となる。

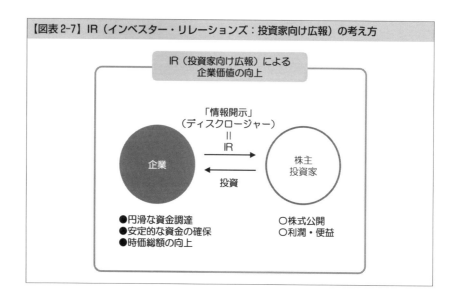

【図表2-7】 IR (インベスター・リレーションズ:投資家向け広報) の考え方

IR (投資家向け広報) による
企業価値の向上

「情報開示」
(ディスクロージャー)
=
IR

企業

株主
投資家

投資

●円滑な資金調達
●安定的な資金の確保
●時価総額の向上

○株式公開
○利潤・便益

- IRはホームページにおける情報開示に止まらず,郵送による情報提供や,決算説明会など各種説明会を開催して企業情報を提供したり,工場や各種施設などの見学会を実施したりするなど,広範囲にわたり企業が積極的かつ独自性を生かしている。

第3章 経営管理の生成と発展

【事例紹介】副業や兼務制度の導入で社員の成長を促すロート製薬の働き方改革

　従来ロート製薬株式会社（ロート製薬）は，**経営者（☜第2章：17頁）**のトップダウンで指示を出し組織を統率してきたが，その**経営管理（☜本章：31頁）**手法を改め，社員の働き方改革を強力に推進している。その嚆矢となったのが，2016年2月に新たに打ち出した「NEVER SAY NEVER」というコーポレートスローガンである。

　ロート製薬は，このスローガンを「世の中を健康にするために自分の進むべき道を見据えどんな困難にもめげず常識の枠を超えてチャレンジし続けること」と定義し，これを実現するための取り組みとして，社員の副業を認める「社外チャレンジワーク制度」と部署の兼務を認める「社内ダブルジョブ制度」の2つを新たに導入している。これらの制度を取り入れた背景には，近年急速に変化する競争環境の中で，世の中を健康にする企業になるためには，社員の自立と成長を後押しすることが重要であるとのと考えがあった。

　導入された2つの制度は，有志の社員たちが起業家精神のような，いわゆる興す気概と行動を持つ社員はどのようにすれば育つのかということを議論する中で生まれた。概して社員は長年ひとつの企業で働き続けていると，その企業の風土や文化，環境に順応してしまうことから，内向きで保守的な姿勢に陥ってしまう。ロート製薬は伝統的な企業体質であった時でも，**イノベーション（☜第7章：95頁）**を起こすことができていたが，そのままでは，経営環境が急速に変化する時代に取り残されることになる。困難なことにも諦めずに挑戦し，絶えず世の中にイノベーションを起こす提案をしていかなければならない。そうした状況で問われることが，まさに働き方の質なのである。そこには，いかなる働き方でいかなる価値観を醸成するのかとの視点が必要不可欠となる。

　社外チャレンジワーク制度では，副業が認められるのに社内のオーソライズ

が必要となる。対象となるのは，国内で働く約 1,400 人の正社員のうち勤続 3 年以上の社員。副業を希望する社員は人事総務部に届け出を提出し，そこで情報が漏れる恐れや本業への支障，健康面で問題がないかなどがチェックされる。そのうえで，部署の上司と相談して副業が決定される。承認されれば，就業時間外や休日を使って社外で働くことが認められる。また，副業の選択は，「公序良俗に反するもの」「自社の社員として名前が出ると困るもの」「同業他社での仕事」という最低限の制約に止められている。

副業先は，ドラッグストアや NPO，ライターなどに加え，プログラミング教室の開催やデザイン会社の運営などさまざまである。中には，社内で農業や食品関連の仕事に携わる社員が外部のクラフトビール造りに参加し，営業や経理など多岐にわたる業務を経験したことにより，社内の異なる部署の考えを理解できるようになったという例もある。また，人事総務部の社員が大学のキャリアセンターで働き，学生に就職活動のアドバイスをする中で就活生の考え方を知り，自社の新卒採用に活かせたという例も見られた。このように，副業によるさまざまな経験は，社員の自立と成長の後押しを可能にするだけでなく，本業との**相乗効果**（☛ 第 4 章：52·54 頁）を生み出し会社の成長にもつながっている。

他方，副業により社員の働き方が多様化することで経営管理が難しくなるとの懸念もある。しかし，多様化は新しい企業の種となることから，全社員が副業をするようになれば，さまざまな種を組み合わせて化学反応を起こすことで，最終的にはイノベーションにつがるとの見方もできる。それゆえ，経営者は新しい種を見つけ，それをつなぐ役割を担うことが必要となる。

本来，製薬業は規制業種で**コンプライアンス（法令遵守）**（☛ 第 2 章：25 頁）を重視しなければならない業種である。薬事法から販売に関する業界の自主ルールに至るまで，さまざまな品質管理上の決まりが存在する。このように規制に対するコンプライアンスが比較的高い業種であることから，むしろ**マネジメント**（☛ 第 2 章：17 頁・本章：31 頁）を緩めて自由度を持たせ，社員全員で変わろうとすることが必要とされる。

ロート製薬では，「何のために仕事をしているのか」という問いを大切にしている。導入された 2 つの制度は，社員の自立と成長を促すことを目指したも

のであるが，副業や兼務はこの問いを見つめ直す機会でもある。社員一人ひとりが認識を新たにすることにより，一見困難なチャレンジであっても諦めずに挑戦し会社や社会を良くすることこそが，この働き方改革にとって重要なる狙いでもある。

1. 経営管理とは何か

- 経営管理とは，「企業が目的を達成するために，調達した経営資源を効率的に配分し組み合わせることで，企業の適切な運営を図るための諸活動」を意味する。経営資源の中でも，意思を持ち主体的に行動するヒトは経営管理にとって重要な要素であり，ヒトに上手く働きかけることで，協働させたり，能力を発揮させたり，組織化させたりするなどして，適切な経営システムをいかに構築するかが重要となる。なぜなら，企業においてそうした協働的な営みは組織的に展開されることで，個人の能力の総和以上の生産性を実現することになるからである。

- 経営管理では，人事管理，労務管理，生産管理，販売管理，財務管理などの部門別の管理とともに，経営者による全般的管理が必要とされる（図表3-1）。

- 英語表記で「管理」にあたるのは，「マネジメント（Management）」である。「マネジメントの父」であるドラッカーは，著書『マネジメント』の中でマネジメントを「組織に成果を上げさせるための道具，機能，機関」と定義している。

- ドラッカーは，マネジメントには，①組織が果たすべきミッションを達成する，②組織で働く人たちを活かす，③社会に貢献する，という3つの役割が求められると説いている。組織を上手に運営していくために必要な能力として，必然的に管理能力が求められる。ヒトの協力を取り付けて，組織を適切に運営し，革新的な事業や世界を一変させる事業を成し遂げ社会に貢献することがマネジメントであり，そうした点に管理の本質が存在する（図表3-1）。

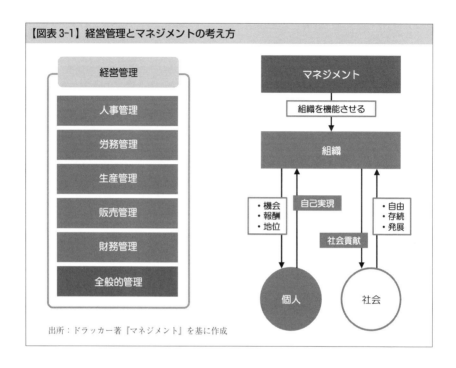

【図表3-1】経営管理とマネジメントの考え方

経営管理

人事管理

労務管理

生産管理

販売管理

財務管理

全般的管理

マネジメント

組織を機能させる

組織

・機会
・報酬
・地位

自己実現

・自由
・存続
・発展

社会貢献

個人

社会

出所：ドラッカー著『マネジメント』を基に作成

2. 経営管理の生成と発展

- ●産業革命は，18世紀後半に英国をはじめとして西欧諸国から始まったが，その過程で生まれた企業は，資本の淘汰が進むことで巨大化していった（図表3-2）。企業は膨れ上がった経営資源の効率的運用を図ることが急務となったことから，生産力を集中させることで競争力を高めていった。

- ●これにより，経営管理論は経営資源の転換効率を高める管理技術論として，19世紀から20世紀初頭の欧米企業の経営現場から発生することになる。その後，新たな管理技術が次々と経営の実践の場で試され，有効な管理技術は，合理性を持つ経営管理手法として構築されていくことになる。

- ●工業化の進展や資本主義の発展とともに，企業が経営資源の効率的運用と生産力の増強を目指すようになった20世紀初頭，米国の技術者であるテイラー（Taylor, F. W.）が「科学的管理法」を，また，フランスの専門経営者であるファヨール（Fayol, J. H.）が「管理過程論」を発表する。テイ

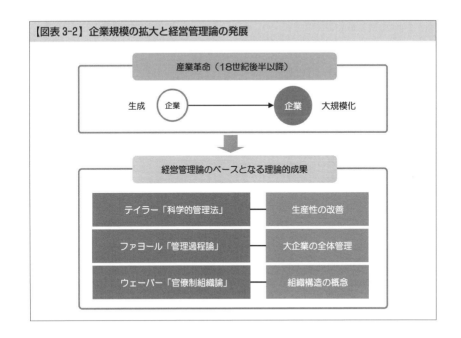

【図表3-2】企業規模の拡大と経営管理論の発展

産業革命（18世紀後半以降）

生成　企業　→　企業　大規模化

経営管理論のベースとなる理論的成果

テイラー「科学的管理法」	生産性の改善
ファヨール「管理過程論」	大企業の全体管理
ウェーバー「官僚制組織論」	組織構造の概念

　　ラーは科学的管理法による大量生産システムの手法を，ファヨールは大企業における経営と管理の重要性をそれぞれ明らかにした。両者が提案した管理論により，企業経営は勘や経験の世界から脱却して，科学的考察に基づく論理と実践の道へと向かうことになる（図表3-2）。
●他方で企業が組織的な経営主体として発展していくにつれて，組織としての企業の実態をどのように理解し経営管理を考えるかが問題として提起されるようになる。ドイツの経済社会学者であるウェーバー（Weber, M.）は，組織の支配形態を分析することで産業資本における組織体の成立意義を明らかにし，組織の合理的・機能的側面に注目しつつ組織構造の概念を生み出し，管理構造としての「官僚制組織論」を提唱した（図表3-2）。

3. 経営管理の要素とは

●ファヨールは「管理原則の父」と呼ばれ，管理問題の重要性を初めて明示的に指摘し全般管理の問題を中心に体系的な経営管理論として「管理過程

論」を提唱した。

- ファヨールは，1917 年に上梓した『産業ならびに一般の管理』の中で，会社経営に関わる活動を，①技術，②商業，③財務，④保全，⑤会計，⑥管理の 6 つの活動に分類し，これらは企業の本質的な活動として常に存在すると説いた（図表 3-3）。

- 6 つの活動のうち，最初の 5 つは従来存在する活動であるが，6 番目の管理活動についてはそれまで明確に認識されてこなかった。また，管理活動は他の 5 つの活動を調和させる性質があるという点で，職能としての性質が他の活動とは異なるものであると指摘している（管理職能としての独自性）。会社の規模が大きくなり 5 つの活動が大きくなるほど，管理活動の重要性が増すことになると主張した。

- ファヨールは，管理活動を「計画し（①），組織し（②），命令し（③），調整し（④），統制する（⑤）ことである」と定義し，管理活動には，これら 5 つのプロセスが存在すると指摘している。管理活動は，会社のあらゆる活動の背後で遂行される活動であるため，企業経営のさまざまな局面において，最も重要な活動であると説いている。現在では，PDS（Plan Do See）サイクルや PDCA（Plan Do Check Action）サイクルとして大いに用いられている（図表 3-3）。

- ファヨールは，管理活動を遂行する際の指針として，自らの経験から導いた 14 の管理原則，①分業，②権限と責任，③規律，④命令の一元制，⑤指揮の統一，⑥個人的利益の一般的利益への従属，⑦公正な報酬，⑧権限集中，⑨階層組織，⑩秩序，⑪公正，⑫従業員の安定，⑬イニシアティブ，⑭従業員の団結を明示している。これらの原則は，今日では企業の組織構造を議論する際の重要な概念となっている。

4. 経営管理の全体像

- 経営管理の出発点は，テイラー，ファヨール，ウェーバーがそれぞれに提唱した「科学的管理法」，「管理過程論」，「官僚制組織論」に置くことができる（図表 3-4）。
- 経営管理は，企業の管理における実践的な技法の確立を目指すもので，20

【図表 3-3】経営活動と管理活動のプロセス

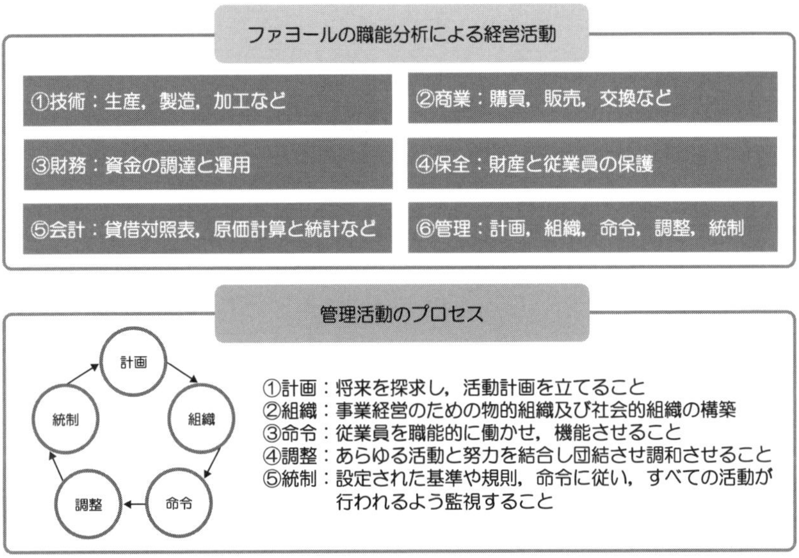

ファヨールの職能分析による経営活動

①技術：生産，製造，加工など	②商業：購買，販売，交換など
③財務：資金の調達と運用	④保全：財産と従業員の保護
⑤会計：貸借対照表，原価計算と統計など	⑥管理：計画，組織，命令，調整，統制

管理活動のプロセス

計画 → 組織 → 命令 → 調整 → 統制 → 計画

①計画：将来を探求し，活動計画を立てること
②組織：事業経営のための物的組織及び社会的組織の構築
③命令：従業員を職能的に働かせ，機能させること
④調整：あらゆる活動と努力を結合し団結させ調和させること
⑤統制：設定された基準や規則，命令に従い，すべての活動が
　　　　行われるよう監視すること

世紀初頭「経営学の父」と呼ばれるテイラーが科学的管理法を唱えたのが始まりとされる。

● この科学的管理法が人間的側面を軽視するとの批判から，人間関係や欲求，特に自己実現の欲求に注目した「人間関係論」が生まれる。すなわち，メイヨー（Mayo, E.）やレスリスバーガー（Roethlisberger, F. J.）による「ホーソン実験」，マズロー（Maslow, A. H.）が提唱した「欲求段階説」，マグレガー（McGregor, D. H.）が確立した「X理論・Y理論」などである（図表3-4）。

● ファヨールが提唱した管理論は米国で管理過程論として発展し，経営管理の基本潮流となり管理過程学派の始祖としてテイラーとともに経営管理論の礎となった。

● ウェーバーは組織の支配形態を分析し，組織の合理的で機能的な側面に注目したうえで，組織行動の概念を生み出し，「官僚制組織論」を提唱した

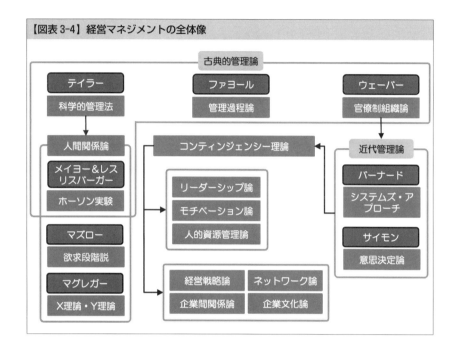

【図表3-4】経営マネジメントの全体像

古典的管理論

| テイラー | ファヨール | ウェーバー |
| 科学的管理法 | 管理過程論 | 官僚制組織論 |

人間関係論
メイヨー&レス
リスバーガー
ホーソン実験

コンティンジェンシー理論

リーダーシップ論
モチベーション論
人的資源管理論

近代管理論
バーナード
システムズ・ア
プローチ
サイモン
意思決定論

マズロー
欲求段階説
マグレガー
X理論・Y理論

経営戦略論　ネットワーク論
企業間関係論　企業文化論

（図表3-4）。

● ウェーバーの組織理論を経営に応用したのがバーナード（Barnard, C. I.）や サイモン（Simon, H. A.）などで，バーナードは組織全体を分析する「シス テムズ・アプローチ」を，サイモンは「意思決定論」を提唱した（図表3-4）。

● 1960年以降には経営環境に応じて異なる最適な組織形態や管理法が存在 するとの実証的な研究として「コンティンジェンシー理論」が登場した。 この理論は経営環境による影響を重視する静態的な理論であったことから， 理論としての限界が明らかになり，これを克服する研究として，経営主体 の自律的な行動原理を見直す研究が展開されることになる（図表3-4）。

● 経営管理は，企業組織の行動分析の観点から，「リーダーシップ論」，「モ チベーション論」，「人的資源管理論」などに，また，企業の環境適応行動 分析の観点から，「経営戦略論」，「企業間関係論」，「ネットワーク論」， 「企業文化論」などのさまざまな議論に広がっていった（図表3-4）。

- 最近の経営管理研究では，「意思決定論的アプローチ」,「行動科学的アプローチ」,「システムズ・アプローチ」などがとられている（図表3-4）。

5. 経営管理の嚆矢となった科学的管理法とは

- 19世紀末の米国では急速な工業化が進み，企業は競って生産規模を拡大し巨大化していった。そのため，市場では企業間の競争が激化し，コスト・ダウンや作業能率の向上が求められた。そうした最中，業務管理の合理化を追求して，作業能率の向上を図ったのがテイラーであった。

- テイラーは，「科学的管理法」を提唱し，従来の勘と経験による場当たり的な管理である成行管理が引き起こしていた諸問題の解決に取り組んだ。そうした問題のひとつに，労働者が経営者の目を盗んで職場ぐるみで怠ける組織的怠業があり，テイラーはその原因解明に努めるとともに，作業能率を向上させるための科学的管理法をテイラー・システムとして考案した（図表3-5）。

- 作業能率の向上で最も効果的な方法は，職場で最も作業能率の高い作業員を抽出したうえで，そうした第1級の作業員の作業を観察しその動作や時間を細かく分析して，無駄な作業を省くことで科学的に「標準的作業量」を決定することである（時間動作研究）。こうして決定された1日に達成すべき標準的作業量である「課業（タスク）」を基に，課業を達成した人には高い賃金を，達成できなかった人には低い賃金を適用する賃金システムを「格差賃率出来高制度」として導入した（図表3-5）。

- テイラーは，工場内の作業員を一手に指揮・監督している職長の役割を機能的に分解し，新たに「職能別職長制度」を提唱した。具体的には，職長の役割を「計画」と「執行」に二分し，主に生産計画を立案する計画部に，労務係，時間・原価係，工程係，指図票係の4つの職長を置き，また，工場長の下で執行機能として監督・指導を行う職長として，準備，速度，検査，修繕の4つ役割を持つ職長を置いた。この制度は，現在のファンクショナル組織（職能組織）のルーツとなっている。

- 作業能率向上を目的として考案された科学的管理法は，あらゆる産業のさまざまな生産現場で導入され成果を上げた。特に自動車産業では，フォー

【図表3-5】成行管理と科学的管理法の考え方の違い

項目	成行管理	科学的管理法
●管理の方法	管理者の勘や経験	標準化
●管理方法による影響	組織的怠業	作業能率の向上
●賃金制度	単純出来高払い	格差賃率出来高制度
●課業管理	職長の設置	職能別職長制度 （計画と執行の分離）

ドの創業者であるヘンリー・フォード（Ford, H.）が，科学的管理法を基に「移動組立ライン」と呼ぶベルトコンベアを導入して生産効率を高めることに成功した。生産工程の専門化や標準化を図ることにより，Ｔ型フォードを擁して大量生産の道を切り開いた。

●テイラーは，課業を「単純な肉体的な作業」と「その作業を計画し監督する職務」の２つに分類するとともに，工場に「職能別職長制度」を導入して新たな管理組織を編成することで，工場の課業管理の仕組みを新たに整えた。だが，このような仕組みは，人間を機械の一部のように扱い，現場の労働者から思考を奪うものであり，また，工場内で単純作業を繰り返すことにより，労働者の人間性を疎外するものであった（図表3-5）。

●さらに，この職能別職長制度は，多元的な指揮命令系統が前提になることから，作業員は複数の職長から指示や命令を受けなければならず，不統一で異なる指示を受けた場合，どの職長の指示を優先すべきか判断がつかない状況に陥ることになる。これは，いわゆる命令の一元制の原則に反することから，現在では，職能別職長制度を採用する企業はほとんどない（図表3-5）。

6. 人間関係論とは

●テイラーの科学的管理法でもたらされた作業の大幅な単純化や従業員に考える機会を与えないという職務の無能化は，作業員に不平や不満を生み出

【図表 3-6】ホーソン実験の仮説・検証と結果

調査の段階	仮説・検証	結果
【ステップ1】照明実験による調査	● 作業時の照明の明るさが作業能率に影響を及ぼしている	● 作業時の照明の明るさと作業能率には因果関係がない
【ステップ2】継電器組立作業実験室の調査	● 物理的作業条件が作業能率に影響を及ぼしている	● 物理的作業条件は作業能率の向上に起因しない
【ステップ3】雲母剥ぎ作業集団実験室の調査	● 監督者不在の状況がいかに作業能率に影響するか	● 作業能率が女性工員の感情の変化や精神的な姿勢や態度に起因する
【ステップ4】インタビュー調査	● 作業員の行動がいかなる要因と結びついているのか	● 個々の作業員の感情や精神的な態度が作業能率の向上に起因している
【ステップ5】バンク配線作業観察室の調査	● 作業員の感情や精神的態度の形成過程と社会的集団内での機能性の検証	● 非公式集団内に形成された独自の行動基準が作業能率に影響している

し，やる気の低下をもたらすことになった。その後，こうした科学的管理法による負の遺産を補う研究が行われたが，中でも，ハーバード大学のメイヨーやレスリスバーガーが1924年から1932年にかけて行った「ホーソン実験」（図表3-6）が成果を上げた。

● この実験は，ピッツバーグ郊外にあるウエスタン・エレクトリック（電機機械開発・製造企業）のホーソン工場で，物的環境条件や人的環境条件などと作業能率との間にどのような因果関係があるかを実証的に検証し明らかにするものであった。この実験で明らかになったのは，人間は賃金などの物的な環境ではなく，社会的な集団の中で作用する心理や感情といった人的な要素により作業能率が促進するという事実であった。

● ホーソン実験の結果から分かるように，メイヨーやレスリスバーガーの理論は，人が働く動機を物的側面や経済的側面からではなく，組織における社会的関係性から考察したもので，結果として作業能率向上の要因を人間関係と捉えた点から，「人間関係論」と呼ばれている。

● テイラーの科学的管理法が，人は経済的な要因で行動する，すなわち，経済的利害によって動機付けられている「経済人（Economic Man）」である

と捉えたのに対して，メイヨーやレスリスバーガーの理論は，組織での人間関係を重視して感情的に行動する「社会人（Social Man）」であると捉えた。

● ホーソン実験は，①照明実験による調査，②継電器組立作業実験室の調査，③雲母剝ぎ作業集団実験室の調査，④インタビュー調査，⑤バンク配線作業観察室の調査という5つのステップで進められた（図表3-6）。

【コラム】ホーソン実験がもたらした研究成果とは

　ホーソン実験は，照明実験の調査から始まった。照明実験は，作業時の照明の明るさと作業能率との関係を明らかにするものであった。実験では，工場のコイル巻部門で，通常の職場と同じように照明度を一定にしたグループ（コントロール・グループ）と照明度が時間とともに変化するグループ（テスト・グループ）を作り，両者の間で生産性にどのような違いが出るか調べた。

　テスト・グループでは，ろうそく1本分の明るさである燭光を24，46，76と徐々に高めていくにつれて生産性が高まったが，照明度を一定にしたコントロール・グループでも同様に生産性は高まった。この結果，照明の明るさは作業能率に起因しないことが明らかになった。

　継電器組立作業実験室の調査は，照明以外の条件，つまり，何らかの物理的作業環境の変化，たとえば，作業時間や休憩時間，労働日数などが作業能率に影響しているとの仮説に基づき行われた。継電器とは電気信号で作動する電気スイッチのことで，コイルやバネなど35個の部品で構成され，1個の継電器の組み立てには1分程の時間を要した。6名の女性工員があたり，機械的な反復・単純作業を繰り返した。

　この調査では，作業時間や休憩時間，労働日数などの物理的作業条件がどのように変化しても，変化の内容に関わりなく継続的に生産性が高まったことから，物理的作業条件は作業能率の向上に起因しないことが明らかになった。

　雲母剝ぎ作業集団実験室の調査では，作業の指示命令を下す監督者不在の状況がいかに作業能率に影響するかが検証され，雲母剝ぎ作業（絶縁体に用いる雲母を岩石から剝がす作業）における女性工員の私的な会話までを含んだ実験記録が分析された。

　この調査では，6名の女性工員の選定方法（最初に選んだ2名が残り4名を

自分たちで選ぶ）が，作業中常に友好的な人間関係を6名にもたらしたという点において有効に機能した。そのうえで，女性工員間に親密な関係が築かれていたことから，体調の不具合や疲れから作業が停滞しても，他の行員が作業スピードを上げて不足分を補った。また，女性工員が会社から実験内容の説明を事前に受けたことで，自分たちは選ばれた人間で会社の重要な問題解決に協力しているという誇りの意識が芽生えた。さらに，作業条件の変更の際には，変更内容の説明を受け，同意のない作業条件の変更については拒否することができたため，女性工員は自分たちの仕事の価値が認められたという印象を強くし，仕事に対する責任感が生まれるようになった。

このような結果から，雲母剥ぎ作業集団実験室の作業能率が物理的な作業条件の変化よりも，女性工員の感情の変化や精神的な姿勢や態度に起因することが明らかになった。

インタビュー調査は，ホーソン工場の2万人以上の作業員と監督者を対象にして，1年7ヶ月にわたり行われた。この調査では，作業員の行動が感情と深く結びついていることや，そうした作業員の感情は掴みにくく偽装されているものであること，作業員の感情表現は彼ら彼女らが置かれている「全体状況」（職場に対して抱く感情と上司や同僚との友好関係）に照らして理解できることが明らかになった。

インタビュー調査では，個々の作業員の感情や精神的な態度が作業能率の向上に起因し，それらは所属する社会的集団の作用により形成されるとの結果が明らかにされた。この結果は，人は経済的要因で行動するという「経済人」モデルの考え方を否定するものであった。

バンク配線作業観察室の調査では，作業能率に起因する作業員の感情や精神的態度がいかなる過程を経て形成され，社会的集団の中でどのように機能しているかが検証された。

バンク配線の作業は，電話交換機の端子台を組み立てる作業で，継電器組立作業よりも複雑であるため，高度な熟練技術が必要とされた。観察室での作業は，9名の配線工と3名のハンダ工，2名の検査工の計14名の男子工員によって行われた。作業による賃金システムは，各自の作業能率や経験年数に基づき個人別時間賃率に作業時間数を乗じた基本給が支給されること，グループ全員の生産高に比例して賃金が上昇するという集団出来高給が加算されることの2つであった。このように，集団出来高給が加算されることから，作業員は相互に協力してグループ全体の総生産高を上げる努力をするであろうと予測された。しかし，結果はこの予測に反し，作業員は総生産高を高めることに関心を示さ

ないばかりか，生産性を一定に保つことに注力し，決して上げようとはしなかったことが明らかになった。

　こうした集団行動を規制している背景には，グループ内部における作業員間の相互作用が存在した。すなわち，14名全員が，仕事の相互援助や交友関係などにより，グループ内部に2組の「非公式集団（インフォーマル・グループ）」もしくは「クリーク（派閥）」と呼ばれる小集団を形成していたのである。これら2つの非公式集団は，①経営者に標準作業量を上げられる危険があるため働き過ぎは避けること，②仕事をせずに集団出来高給による割高賃金を得るのは良くないため怠け過ぎは避けること，③監督者に仲間の告げ口をするような裏切り行為は避けること，という3つの共通認識もしくは行動基準を持っていた。

　こうした共通認識や行動基準の存在は，非公式集団内に仲間意識や連帯感を生み出し，作業をするうえでの動機付けになっていた。その背景には，行動基準に従わなければ，罵声や冷たい視線を浴びせられたりするなどある種の圧力が存在するという事実があった。

　バンク配線作業観察室の調査では，経営者が決めた標準や作業手順とは別に，作業員による主体的な非公式集団の形成により独自の共通認識や行動基準が生まれ，そうした行動基準などが個々の作業員の行動を拘束し，作業能率をコントロールしていることが明らかになった。

　このように，ホーソン実験では，作業能率は，作業条件の変化という外的条件よりも，作業集団内における人間関係に強い影響を受けていることが明らかにされた。結果として，集団における人間関係が「モラル（士気）」に大きく影響し，それが生産性に作用することから，職場における良好な人間関係の発展を意図した管理が重要であることが示された。このような管理は，テイラーが主張する科学的管理法に欠けていた人間的な管理であると広く歓迎されることになった。

　一方で人間関係論では，公式な組織よりも非公式な組織を重視して，従業員に人間的な配慮をすることが果たして本当の管理と言えるのかという疑問が問題点として残った。その背景には，モラル（士気）の測定が難しく，作業効率の向上に結び付くか否かを客観的に判断するのが難しいとの見方がある。

第4章　経営戦略論

【事例紹介】損益分岐点経営でV字回復を果たしたヤマハの企業文化を成長させる経営

　2008年のリーマンショックはグローバルレベルで企業経営に多大な危機をもたらしたが，ヤマハ発動機株式会社（ヤマハ）にもそれは大きくのしかかり，約2,000億円の赤字を計上した。その立て直しを任されたのは現在ヤマハで会長を務める柳弘之氏であった。

　リーマンショック直後のヤマハは惨憺たる状況にあった。欧米を中心に先進国の需要は半減し，モノは売れず在庫が山積し工場の生産能力が過剰になるという，まさに壊滅状態にあった。そのうえ，歴史的な円高や米国での大きな訴訟への対応を余儀なくされた。

　柳氏が当時の梶川社長から再建案を練るように言い渡されたのは，その時であった。海外駐在が長く海外の市場や生産現場を熟知していたことを買われてのことであった。柳氏は早速同世代10名ほどでチームを編成して再建案をとりまとめた。チーム内ではこの機に乗じて一切の膿を出す一方で，二輪の欧州とマリンの米国はどちらもヤマハにとって重要な市場であることから必ず挽回するとの気概で，1,500億円の特別損失を計上する計画を策定して**取締役会（☛第1章：8頁）**の了承を得た。

　一方で悲観的な話ばかりではなかった。なぜなら，当時ASEAN（東南アジア諸国連合）の需要，特に，タイ，ベトナム，インドネシアが大幅な伸びを示していたからである。3年を要して工場の新設や各種投資を行い，これらの需要を取り込むことに成功する。

　こうした成果により，2010年に柳氏は構造改革プロジェクトリーダーから社長に抜擢されることになる。構造改革の中で柳氏は**全社戦略（☛本章：47頁・第5章）**として「損益分岐点経営」を掲げ，工場での生産・組立体制を見直し効率性を高めることに成功する。ここで言う損益分岐点経営とは，需要

が落ちて工場での生産台数が大幅に減少しても損益分岐点を引き下げることができるように，工場の集約や人員の見直しを図る構造改革を意味する。

　従来，ヤマハの工場生産体制は分散型であった。すなわち，組立工場，塗装工場，溶接工場が工程別に建てられており，製造ラインが一貫していなかったので非効率なうえ，**設備投資**（☛第6章：85頁）計画も工場ごとに**部分最適**（☛本章：49頁）していたため，会社全体としての投資効率が悪かった。そのため，一貫型の工場による**全体最適**（☛本章：49頁）を目指し，12あった主力工場を6つに集約した。

　結果として，組み立て，塗装，溶接など必要な工程すべてをひとつの工場でできるようになり，組織効率を高めることができたことから，損益分岐点が4割程度下がり，200億円近い利益効果を得ることができた［**コストリーダーシップ戦略**］（☛第6章：85頁）。

　柳氏が推し進めた損益分岐点経営は，規模が拡大しなくても採算がとれるように，規模の拡大に依存しないで損益分岐点から考える経営であった。従来ヤマハが行っていた経営は，規模の拡大に依存した経営で，ある地域における需要を予測してそこから設備投資がどのくらい必要かを計画して，製造や販売促進などの経費を積み上げていくというやり方であった。

　この方法では，**市場環境**（☛本章：54頁・第8章：118頁）が変化した場合，規模の拡大を前提にしているので，環境変化に対応した判断ができない。リーマンショックがまさにそれであった。確かに規模が拡大すれば利益になるが，規模が拡大しなくても利益が出るようにすることが大事である。柳氏は損益分岐点経営において，損益分岐点を下げるというのは，固定費を下げるのと同時に変動費率（変動費÷売上高）も下げる必要があることから，固定と変動の経費を徹底的に最適化するよう意識付けを行った。また，設備投資では，単位能力当たりの設備投資額を半分にできるように生産性を徹底的に追求した。

　こうした経験から，ヤマハでは，社員向けに21カ条あった行動指針を新たに「スピード，挑戦，やり抜く」の3つに変更している。構造改革という未知なる挑戦を迅速にやり抜いた達成感が，この行動指針に生かされているのは言うまでもない。

　ヤマハにとっての企業経営とは，**企業価値**（☛第2章：27頁）を追求するこ

とに加え，**企業文化**（☛第10章：149頁）を成長させることである。売上高や利益，株価など企業価値を高めたうえで，商品戦略やネットワーク（販売網）戦略，それを実現する開発と生産体制を構築して企業文化を成長させるためには，これらすべてを包括して統合する**ブランド**（☛第9章：139頁）戦略を築いて高めることが重要となる。開発，商品，生産，販売など，どの分野においてもヤマハブランドが活きてくるようになれば，そのブランド価値により，技術を核にして市場に訴求し製品を根付かせることが可能となるのである。

1. 戦略の意味と階層性

● そもそも「戦略」という言葉は軍事用語であったが，この戦略を経営学で初めて用いたのは，経営史家のチャンドラー（Chandler, A. D., Jr.）であった。チャンドラーは，経営戦略を「企業の基本的な長期目標を決定し，これらの諸目的を遂行するために必要な行為の道筋を採択し，諸資源を割り当てること」と捉え，「組織は戦略に従う」という命題を打ち出した（図表4-1）。

● この命題の真意は，事業戦略や事業ポートフォリオ戦略は変更しやすいが，組織戦略は変え難く実行が困難であることから，事業戦略に従い組織戦略を立案し実行していく方が良策であるという点にあった。この結論は，デュポン，GM，スタンダード石油ニュージャージー（現エクソンモービル），シアーズ・ローバックの4社のケーススタディ（事例研究）から導き出された。

● その後,経営戦略の確立に向けて取り組みを進めたのが,アンゾフ（Ansoff, H. I.）であった。アンゾフは経営者が行う意思決定を，①業務の収益力最大化に関する「業務的意思決定」，②業績の最大化を図るための経営資源の組織化に関する「管理的意思決定」，③企業と環境の関わり方に関する「戦略的意思決定」の3つに分類した。戦略的意思決定は，他の2つの意思決定と異なり，企業が将来的にいかなる成長を目指すのかに関する問題を決める非定型的で非反復的な意思決定である（図表4-1）。

● 従来，経営者は，定型的で反復的な業務的意思決定や管理的意思決定に日常が忙殺され，戦略的意思決定が後回しにされるという状況に陥っていた。

【図表4-1】チャンドラーとアンゾフによる経営戦略の捉え方

経営戦略の捉え方	
チャンドラー （戦略を経営学で初めて用いた）	**アンゾフ** （経営戦略の確立に向けて取り組んだ）
● 経営戦略を「企業の基本的な長期目標を決定し，これらの諸目的を遂行するために必要な行為の道筋を採択し，諸資源を割り当てること」と捉え，「組織は戦略に従う」という命題を打ち出した ● この命題の真意は，「事業戦略や事業ポートフォリオ戦略は変更し易いが，組織戦略は変え難く実行が困難であることから，事業戦略に従い組織戦略を立案し実行していく方が良策である」という点で，戦略と組織の対立ではなく，事業戦略と組織戦略の相互作用が重要である	● 経営者が行う意思決定を，以下の3つに分類した ① 業務の収益力最大化に関する「業務的意思決定」 ② 業績の最大化を図るための経営資源の組織化に関する「管理的意思決定」 ③ 企業と環境の関わり方に関する「戦略的意思決定」 ● 戦略的意思決定は，他の2つの意思決定と異なり，企業が将来的にいかなる成長を目指すのかに関する問題を決める非定期的で非反復的な意思決定である

こうした問題に対処するために，経営戦略という概念が提唱され，経営戦略が戦略的意思決定を改善するする方策として必要とされた。

●今日，経営戦略という言葉は，一般的に広く用いられているが，経営戦略をどのように定義するかについては，これまで多くの異論や異説が存在する。端的に言えば，「経営戦略」とは，「企業が目指す将来像や目標に向かって，持続的な競争優位を確立するための基本的な考え方」である。ここで言う「競争優位」とは，競合企業との競争における優位性で，競争が自社に有利に展開できるような状態を指す。

●企業の多くは，ある一定の期間を定め，自社の経営目標や経営戦略，活動計画，収支計画などを「経営計画」として策定する。その際，1年間の経営計画を「短期経営計画」，3年から5年の経営計画を「中期経営計画」，5年から10年の経営計画を「長期経営計画」と区別し，具体的にどのような事業を行っていくか計画に落とし込む。大企業では，こうした戦略計画を経営戦略室（部）や経営企画室（部）といった組織が一手に策定していることが多い（図表4-2）。

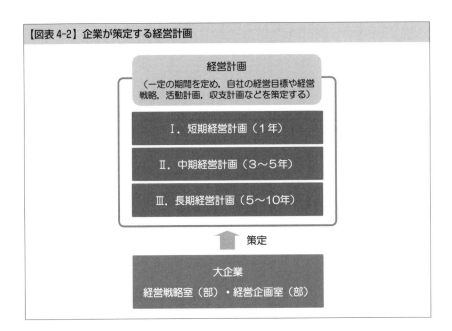

【図表4-2】企業が策定する経営計画

経営計画
（一定の期間を定め，自社の経営目標や経営
戦略，活動計画，収支計画などを策定する）

Ⅰ．短期経営計画（1年）

Ⅱ．中期経営計画（3〜5年）

Ⅲ．長期経営計画（5〜10年）

策定

大企業
経営戦略室（部）・経営企画室（部）

- 経営戦略論では，さまざまな戦略の具体的内容を「全社戦略」，「事業戦略」，「機能戦略」という3つのレベルで把握するのが一般的である。事業部制組織では，これら3つのレベルが，「トップ・マネジメント」，「事業部」，「機能部門」といったそれぞれの階層レベルに対応している（図表4-3）。
- 全社戦略は，「企業戦略」とも言われ，企業全体に関わる戦略を意味する。全社戦略では，企業が取り組む事業ドメイン（domain：事業範囲）を定義し，経営資源をどの事業に配分していくかを定める（図表4-3）。
- 事業戦略は，特定の事業分野でどのように競争して競争優位性を確立するかに関する指針で，「競争戦略」とも呼ばれる。多角化により，複数の事業を行う企業は，その事業分野の数だけ事業戦略が存在する（図表4-3）。
- 機能戦略における「機能」とは，企業が行っているさまざまな活動，すなわち，各事業の戦略を達成するための諸活動を種類ごとに分類したもののことで，「職能」とも呼ばれる。具体的には，研究開発，生産，販売，マ

【図表4-3】経営戦略の考え方（3つのレベル）

経営戦略		
全社戦略（企業戦略）	事業戦略（競争戦略）	機能戦略
【事業部制組織】 トップ・マネジメント	【事業部制組織】 事業部	【事業部制組織】 機能部門
● 企業が取り組む事業ドメイン（事業範囲）を定義する ● 経営資源（ヒト，モノ，カネ，情報）をどの事業に配分していくかを定める	● 特定の事業分野でどのように競争して競争優位性を確立するかに関する指針を意味する ● 多角化により，複数の事業を行う企業は，その事業分野の数だけ事業戦略が存在する	● 企業が行っているさまざまな活動，すなわち，各事業の戦略を達成するための諸活動を種類ごとに分類したもののこと（職能） ● 具体的には，研究開発，生産，販売，マーケティング，財務，人事などを指し，機能戦略とは，こうした諸活動の各機能部門レベルの戦略を意味する

ーケティング，財務，法務，人事などを指し，機能戦略とは，こうした諸活動の各機能部門レベルの戦略を意味する（図表4-3）。

● こうした諸活動は，企業が「利益マージン」を生み出す際の直接の源泉になっている「主要活動」と，それらを間接的に支える「支援活動」の2つに分けられる。たとえば，製造業の場合，主要活動は，製造に必要な材料を購入して，生産活動を行い，完成した製品を出荷・販売して，アフターサービスを行うなどの一連の活動である。一方の支援活動には，研究開発や人的資源管理などが含まれる。こうした付加価値を生み出すための一連の企業活動をポーターは，「価値連鎖（バリューチェーン）」と名付けた（図表4-4）。

● 研究開発戦略や生産戦略，販売戦略，流通戦略，広報戦略，財務戦略，人事戦略などのそれぞれの機能分野における戦略は事業全体の戦略と密接に関連しており，各事業において利益を上げるという目的のために必要な活

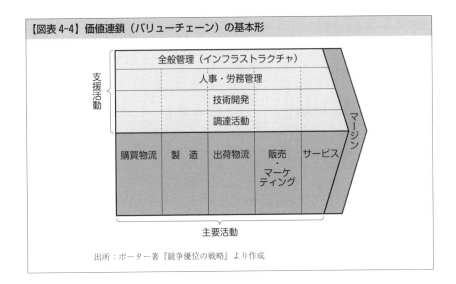

【図表4-4】価値連鎖（バリューチェーン）の基本形

	全般管理（インフラストラクチャ）				
支援活動	人事・労務管理				
	技術開発				
	調達活動				
	購買物流	製　造	出荷物流	販売・マーケティング	サービス

主要活動

出所：ポーター著『競争優位の戦略』より作成

動ではあるが，これらの機能戦略は全社戦略を無視して策定されるものではない点に注意する必要がある（図表4-5）。

● 実際の戦略策定では，全社戦略の下に，縦に事業戦略，横に機能戦略というマトリクス構造をとっていることから，各事業部門内で相互調整が図られて策定され実行されるのが通常である。その際には，「全体最適」と「部分最適」を十分に考慮する必要があり，事業部間で同種の製品やサービスの開発を行ったり，相互に矛盾する広告戦略を展開したりするなどの問題を回避しなければならない（図表4-5）。

● 全体最適とは，会社経営や組織運営において，会社や組織のシステム全体が最適化されている状態を指す。経営者が会社全体の収益を最大化させるための指針として全体最適の概念が用いられる。一方，個別最適とは，会社や組織全体ではなく，組織やシステムがそれぞれの部署や機能を最適化するのを優先することを指す。全体最適が良くて部分最適が悪いというのは早計であり，部分最適の積み重ねにより全体最適を追求していくことが重要で，そうしたマネジメントのあり方が企業経営に求められている。

【図表4-5】経営戦略のレベル

	全体最適	事業戦略		
全社戦略		A事業の事業戦略	B事業の事業戦略	C事業の事業戦略
機能戦略	研究開発戦略	○	○	○	部分最適
	生産戦略	○	○	○	部分最適
	販売戦略	○	○	○	部分最適
	流通戦略	○	○	○	部分最適
	広報戦略	○	○	○	部分最適
	財務戦略	○	○	○	部分最適
	人事戦略	○	○	○	部分最適
		部分最適	部分最適	部分最適	

2. 企業ドメインの設定

● 企業はいかにして市場をつかむことができるのであろうか。その際に重要となるのは，自社の保有する経営資源をどのように生かして市場展開を図るか，すなわち，どのようにして「企業ドメイン」を設定するかにある。「ドメイン」とは，一般的に，領土や範囲，領域などを指す言葉であるが，経営学では，「企業の独自の生存領域」という意味で，企業ドメインが用いられる。

● 企業ドメインを設定することにより，①企業の意思決定者の方向性の絞り込みが可能となり，②企業としての一体感を生み出すことができ，③企業が蓄積すべき経営資源が明確となる。

● 企業は，企業全体としていかなる方向に向かうべきか。企業の成長戦略を導くための分析ツールのひとつに，アンゾフが考案した「成長ベクトル」がある。アンゾフの成長ベクトルは個別の事業戦略ではなく，企業全体としてどちらの方向に向かうべきかという企業戦略を考えるための2×2マ

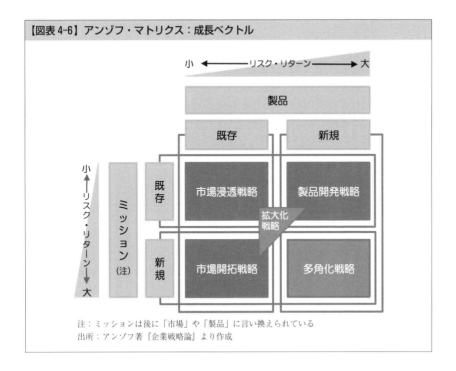

【図表4-6】アンゾフ・マトリクス：成長ベクトル

小 ◀──リスク・リターン──▶ 大

製品

既存　　　　新規

ミッション（注）

既存

新規

市場浸透戦略　　　製品開発戦略

拡大化戦略

市場開拓戦略　　　多角化戦略

小◀──リスク・リターン──▶大

注：ミッションは後に「市場」や「製品」に言い換えられている
出所：アンゾフ著『企業戦略論』より作成

トリクスである（アンゾフ・マトリクス）（図表4-6）。

●アンゾフ・マトリクスは，製品が既存事業なのか新規事業なのか，ミッションが従来と同じなのかもしくは新たに策定されたものなのか，という4つの成長の方向性について，それぞれの実現可能性やリスクを検討し，成長の方向性を決定するという企業戦略策定もしくは意思決定支援ツールである。ここで言う「ミッション」とは，どのような顧客にどのような形で製品が受け入れられ，顧客価値や機能を生み出しているかを示す指標で，いわゆる製品の社会に対する使命を意味する。ミッションは後に「市場」や「顧客」に置き換えられた（図表4-6）。

●アンゾフ・マトリクスには，①市場浸透戦略，②市場開拓戦略，③製品開発戦略，④多角化戦略という4つの企業としての成長の方向性（ベクトル）がある。①～③は「拡大化戦略」と呼ばれ，④の「多角化戦略」と区別されることがある（図表4-6）。

- 市場浸透戦略（①）は，既存の市場や顧客をターゲットにして既存製品で戦うことで，市場シェアを拡大し事業の成長を維持する戦略である。
- 市場開拓戦略（②）は，既存製品を今までターゲットにしていなかった新しい市場や顧客に展開することで，事業の成長を維持する戦略である。
- 製品開発戦略（③）は，既存の市場や顧客に新たな技術の活用やデザイン変更した新製品を導入することで，事業の成長を維持する戦略である。
- 多角化戦略（④）には，「関連多角化」と「非関連多角化」の２つがある。
- 関連多角化は，既存事業と関連する事業へ展開することで，事業の成長を維持する戦略である。「相補効果（complementary effect）」や「相乗効果（synergy effect：シナジー効果）」など多角化による合成効果を最大限発揮することで高い収益性が期待できる。
- 非関連多角化は，既存事業との関連性が低い事業に展開することで事業の成長を維持する戦略である。経験知が乏しくノウハウがない事業への展開は収益性を低減させる恐れがあるものの，予想外の変化に対応できる能力を高めることができる。この点について，ポーターらは「非関連多角化は関連多角化に比べて収益性が低くなる」と結論付けている。
- アンゾフ・マトリクスに新たな第三の軸，すなわち，「垂直統合」の軸を加えたのが，アーカー（Aaker, D. A.）による修正モデルである。垂直統合とは，企業が製品の開発，生産，販売などの一連の活動を一手に行うもしくはその範囲を広げることを指す（図表4-7）。

3．多角化戦略とは

- 現在，大企業の多くは，自社を成長させる方法として多様な事業分野に進出し，新たな製品を開発したり市場を開拓したりするなどして，多角化企業として事業活動を展開しているが，なぜ，大企業は多角化の方向へ向かうのか。
- 多角化の動機には，主に収益性や成長性の面から，①既存事業の成熟や衰退への対処，②単一事業分野からの脱却によるリスク分散，③新たな事業機会の獲得，④利用していない経営資源の有効活用の４つが考えられる（図表4-8）。

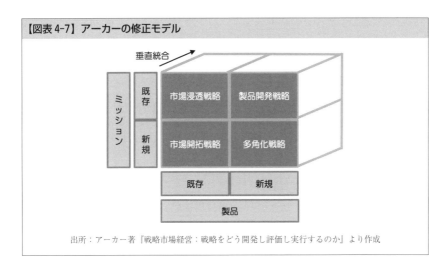

【図表4-7】アーカーの修正モデル

垂直統合

ミッション

既存 / 新規

| 市場浸透戦略 | 製品開発戦略 |
| 市場開拓戦略 | 多角化戦略 |

既存　新規

製品

出所：アーカー著『戦略市場経営：戦略をどう開発し評価し実行するのか』より作成

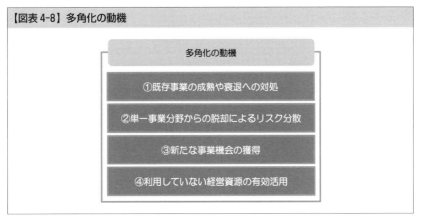

【図表4-8】多角化の動機

多角化の動機

①既存事業の成熟や衰退への対処

②単一事業分野からの脱却によるリスク分散

③新たな事業機会の獲得

④利用していない経営資源の有効活用

- 既存事業の成熟や衰退への対処（①）は，競合企業の台頭や技術革新などの影響により，既存事業の収益性が低減し市場の成長性が見込めなくなることで，新たな製品市場分野へ多角化を模索することである。
- 単一事業分野からの脱却によるリスク分散（②）は，単一事業会社が単一事業による経営上のリスクを分散させるため，複数の事業を手掛けることである。事業の業績は好調な時期が永遠に続くわけではなく，さまざまな

市場環境の変化などにより，自社のコントロールがきかず，業績が低迷することがある。複数の事業を手掛けることで，特定の事業の業績が落ち込んでも，他の事業で収益が確保できれば経営リスクは分散され，経営が安定することになる。

- 新たな事業機会の獲得（③）は，企業が，潜在需要の顕在化や経営環境の変化により生まれる新たな事業機会を自社の成長に結びつけることである。
- 利用していない経営資源の有効活用（④）は，企業が保有するヒト・モノ・カネ・情報といった経営資源において，遊休状態にある資源を有効に活用して，多角化を展開することである。

4. シナジー効果とは

- 多角化では，単一事業のみに専念する単一事業会社には得られない複数事業による複合効果の恩恵に与ることができる。この多角化の合成効果には，「相補効果」と「相乗効果」の2つがある。
- 相補効果は「コンプリメント効果」とも呼ばれ，複数の事業が相互に足りない部分や弱点を補い合うことで，それぞれが単独で事業を行うことよりも業績が良くなる効果を指す。スキー場における夏のレジャー客の集客がその典型的な例で，スキーリゾート地では，需要の季節変動に対応するために，ゴルフ場やテニスコートを建設して夏場の集客を図っている。夏場の需要喚起に成功すれば，スキー閑散期の売上低迷を補うことが可能となり，売上の季節変動の標準化だけでなく，従業員や宿泊施設などの資源利用の標準化も図られ，効率性が高まることになる。
- 相乗効果は「シナジー効果」とも呼ばれ，同一企業が複数の事業を行うことにより，異なる企業が別々にそれらの事業を行う場合よりも大きな成果が得られることを指す。多角化の観点では，既存の事業分野と新規の事業分野との間で生じる効果を意味する。
- アンゾフは，シナジー効果を，①販売シナジー（販売経路やチャネル，物流機能，広告，評判などを複数の事業で活用する際に生じる効果），②生産シナジー（原材料や生産技術などを複数の事業で活用する際に生じる効果），③投資シナジー（工場や機械工具などの生産設備や，研究開発成果

【図表4-9】シナジー効果の4つの類型

類型	内容
①販売シナジー	● 作業時の照明の明るさが作業能率に影響を及ぼしている
②生産シナジー	● 物理的作業条件が作業能率に影響を及ぼしている
③投資シナジー	● 監督者不在の状況がいかに作業能率に影響するか
④マネジメント・シナジー	● 作業員の行動がいかなる要因と結びついているのか

などを複数の事業で活用する際に生じる効果），④マネジメント・シナジー（経営管理のノウハウや過去の経験知などを複数の事業で活用する際に生じる効果）の4つに分類した（図表4-9）。

● 多角化戦略では，必ずしもシナジー効果が生まれるわけではない。多角化戦略をとった結果，負の相乗効果（anergy effect：アナジー効果）が生じることもある。たとえば，事業の管理が複数にまたがることになることから，経営の意思決定が遅くなることが挙げられる。

● シナジー効果に類似する言葉に「範囲の経済」がある。シナジー効果も範囲の経済も，複数の事業の組み合わせにより，単独で事業を行うよりもより大きな効果が期待できるという点では同じ結合効果であるが，シナジー効果が複数事業の組み合わせにより効果が大きくなることを意味し，必ずしも「費用の低下」は含まれないのに対し，範囲の経済は複数事業の組み合わせで生じる「費用の低下」を意味する。

● たとえば，鉄道会社が乗降客の多いターミナル駅に百貨店を建設して，旅客輸送で得た乗客を百貨店の集客に利用するのは「シナジー効果」であり，この場合には，旅客輸送事業と百貨店事業の組み合わせによる利用者増加という結合効果は生じるものの，鉄道企業が百貨店を運営するもしくは，百貨店が鉄道を運営することにより，費用が低下するとは考えにくい。つまり，両事業の組み合わせにより利用者増加というメリットは生まれるが，費用の低下は期待できない。

- 一方，鉄道会社が旅客用の車両を走らせる目的で電車の線路を建設し，この線路を貨物用に用いることが「範囲の経済」であり，その際，この鉄道会社は，それぞれ単独で旅客輸送事業と貨物輸送事業を行う場合よりも，線路建設コストに関わる輸送事業当たりの平均コストを抑えることができる。

5. コア・コンピタンスとは

- 企業が競争優位を実現するためには，ヒト・モノ・カネ・情報といった経営資源が持つ力を上手に活用する組織的な能力が必要とされる。こうした企業の競争優位の源泉を「コア・コンピタンス（core competence）」という概念で明示化したのが，ハメル（Hamel, G.）とプラハラード（Prahalad, C. K.）である。

- ハメルらは，著書『コア・コンピタンス経営』において，1980 年代の米国市場における日本企業の戦略策定プロセスに注目して，日本企業が急成長して米国企業の国際競争力を凌駕するようになった要因が，経営資源や能力の巧みな組み合わせであると結論付けた。こうした能力や組み合わせは，日本企業の「コンカレント・エンジニアリング（concurrent engineering）」や「ジャスト・イン・タイム生産方式（Just In Time：JIT）」などの製品開発や生産プロセス，さらには「全社的品質管理（Total Quality Management：TQC）」などの組織能力に見られ，こうしたコア・コンピタンスこそが競争優位の源泉であると説いた。

- コンカレント・エンジニアリングとは，製品開発プロセスにおいて複数の工程を同時並行で進め，部門間の共同作業や情報共有を行うことで，開発期間の短縮やコスト削減を図る方法である。

- ジャスト・イン・タイム生産方式は，工業製品の生産方式のひとつで，必要なものを必要なときに必要な量だけ生産することで在庫や経費を徹底的に減らして生産活動を行うシステムである。

- 全社的品質管理とは，QC サークルなど小集団活動を核にして，全社的に全員参加で行う品質管理である。

- ハメルらによれば，コア・コンピタンスは「顧客に特定の利益をもたらす

【図表 4-10】 コア・コンピタンスに必要な3つの条件

コア・コンピタンスに必要な3つの条件

①コア・コンピタンスを活用した最終
製品が顧客に利益をもたらすこと

②競合他社に模倣されにくいこと

③広範かつ多様な市場への参入を可能
にすること

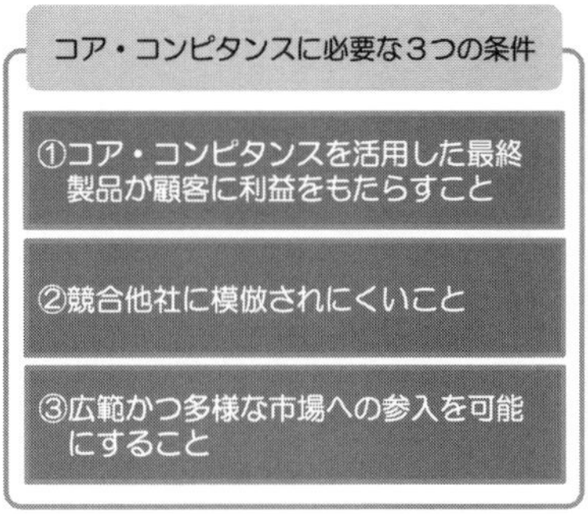

技術，スキル，ノウハウの集合である」と定義される。すなわち，「コア・コンピタンス」とは「顧客に対して，他社には真似できない自社ならではの価値を提供する，企業の中核的な力」であり，企業活動の中で，その中核的な力になり得るものが顧客に特定の利益をもたらす技術やスキルの集合体で，それは，個々のスキルや組織といった枠組みを超えた学習の積み重ねであると理解できる。

● ハメルらは，コア・コンピタンスは，①コア・コンピタンスを活用した最終製品が顧客に利益をもたらすこと，②競合他社に模倣されにくいこと，③広範かつ多様な市場への参入を可能にすること，といった3つの条件を満たす自社能力であるとしている（図表4-10）。

● 他方で，企業活動の中で，中核的な力と判断できるコア・コンピタンスに自社の経営資源を動員し，コア・コンピタンス戦略に傾注し固執し過ぎると，自社のビジネスチャンスの範囲を狭めることになり，新たなる競争の場を作る可能性を自らの手により閉ざしてしまう恐れがあることも，ハメルらは指摘している。それを回避する方策として，コア・コンピタンスを基盤とした多角化の促進を挙げ，そうした経営がリスクを最小化し，また，投資も減り，事業部間で優れた実践例を動かす機会を増やすことになると言及している。

● これをイノベーションの観点から考察すると，コア・コンピタンス戦略へ

の傾注や固執は，経営や組織を硬直化するリスクがあるため，イノベーションが阻害される可能性がある。なぜなら，コア・コンピタンス戦略の採用は，既存の製品やサービスの性能を高める「技術の進歩」に傾注することになるため，既存の中核的な力への集中が新たなる価値基準の創出に目を向けるのを妨げてしまうからである。既存価値の深化に過度に集中するのではなく，新たなる価値の探索にも目を向けることが重要となる。

●コア・コンピタンスをベースにした戦略論は，1980年代に登場した「リソース・ベースド・ビュー（Resource Based View（RBV）：経営資源アプローチ）」の流れの中に位置付けられ，それまで議論の中心であった「卓越した資源の保有」から，「コンピタンス」や「ケイパビリティ」と呼ばれる経営資源や能力を上手く活用する方法の研究へと移行することになった。

6. 戦略の形成プロセスとは

●企業では，必ずしも本社の経営企画部門で策定された経営戦略が，当初の計画通りに実行され展開されない可能性がある。なぜなら，実際の事業活動においては，絶えず予期せぬ事象が起こり，当初計画した戦略はその実行段階において，現実とのズレが生じることになるからである。

●このように，戦略の形成プロセスで，当初トップダウンで策定された戦略，すなわち，「意図的戦略」として実際に実行されたものもあれば，「創発的戦略」のように，時間の経過とともに出現し，大きく変更されたりするものもある（図表4-11）。

●ミンツバーグ（Mintzberg, H.）は，創発的戦略におけるリーダーの役割は，あらかじめ計画的な戦略を作り上げることではなく，新たな戦略が出現するように，戦略的学習プロセスをマネジメントすることであると説いている。このように，時間の経過に従って状況が変化することから，創発的戦略では学習が重要視される。

●実際の現場で相互作用が起こることにより，戦略が事後的に創発されるからといって，意図的戦略が必要ないというわけではない。なぜなら，経営層が明確に計画的な戦略を打ち出すことなく，戦略立案や意思決定を現場任せにすると，大局を見誤る危険性があるからである。

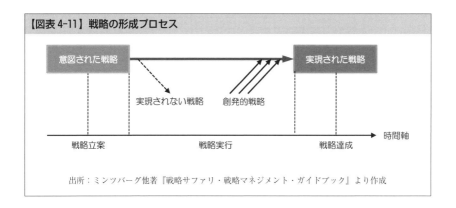

【図表 4-11】戦略の形成プロセス

意図された戦略

実現された戦略

実現されない戦略　　創発的戦略

時間軸

戦略立案　　　　　　　　戦略実行　　　　　　　　戦略達成

出所：ミンツバーグ他著『戦略サファリ・戦略マネジメント・ガイドブック』より作成

● 戦略とはトップの経営層だけでなく，ミドル・マネジメントやメンバー全員が生み出すものであり，戦略の策定と実行とは相互依存関係にある。現場が自律的であればあるほど，トップが打ち出した戦略は，実行段階において現実に合った形に変化したり，新たに生み出された戦略が付け加えられたりしていくのである。

第5章　企業戦略のマネジメント

【事例紹介】大転換を成し遂げたプラットフォーム企業マイクロソフトの変革する経営

　マイクロソフトは1975年の創業以来，WindowsやOfficeを発売してデジタル化の先駆者としてテクノロジー分野で確固たる地位を築き上げた。それは，ソフトウェア製品を作り**ライセンス（使用権許諾）**（☛本章：75頁・第8章：114頁）で顧客に販売するという売り切り型の**ビジネスモデル**（☛本章：68頁）による成長であった［**コア・コンピタンス**］（☛第4章：56頁）。しかし，その成功モデルの完成度が極めて高かったがゆえに革新性が影を潜め，時代の変化の波に対応しきれず，**企業価値**（☛第2章：27頁）は頭打ちとなった。

　そうした状況を打破したのは，2014年に新CEOに就いたサティア・ナデラ氏である。ナデラCEOは就任早々，マイクロソフトは何のために地球上に存在するのかとの会社としての**存在意義**（☛第2章：18頁）を明確にするために，「モバイル・ファースト，クラウド・ファースト」という世界観を掲げた。この世界観の真意は**企業戦略**（☛第4章：47頁・本章）の転換，すなわち，PCファーストやデスクトップファーストを前提とするマイクロソフトの従来の売り切り型のビジネスモデルを完全に捨てることにあった。

　スマホやタブレットなどのモバイル端末はもちろんのこと，IoT（モノのインターネット）の時代には自動車などあらゆるものがデバイスとなり，ストリーミングなどで顧客価値を高める。こうした社会の実現が可能なのは，クラウドコンピューティングというテクノロジーが存在するからであり，Windowsが普及するからではない。こうして，マイクロソフトは自社の存在意義を再定義することになる。

　こうした従来Windowsベースで積み上げてきた考え方や成功体験を完全にリセットするとのスタンスは，売り切り型のパッケージ版ソフトOfficeをサブスクリプション版の「Office365」（個人向け）や「アジュール」（法人向け）へ

と転換することで成就する。この時代の変化に合わせた大転換は，程なく顧客に受け入れられることになる。2014年には，Office全体に占める割合が10%に過ぎなかったOffice 365の売上高が，2017年には従来のパッケージ版ソフト「Office」の売上高を逆転したのである。マイクロソフトは，Officeを再び成功サイクルの軌道に乗せることが可能となった。

　この大転換により，ナデラCEOはマイクロソフトを次なるステージへと導く。2017年には，2014年に掲げた「モバイル・ファースト，クラウド・ファースト」に代わり，「インテリジェントクラウド，インテリジェントエッジ」という新たな世界観を掲げる。ここで言うインテリジェントクラウドとは，単にクラウド化を進めるのではなくAIなどのインテリジェント・テクノロジーを活かしてユーザーに貢献することであり，インテリジェントエッジとは，ユーザーの利用端末，たとえば，スマホなどの近くでデータ処理することで，上位システムへの負荷や通信遅延を解消することである。

　新たな世界観は，自社がどのような価値を顧客に提供できるのかといった会社としての存在価値をマイクロソフトに問うものであった。マイクロソフトでは，創業時から継続してきたビジネスモデルがもたらした成果や成功体験が余りにも大きかったことから，Windowsを軸として構築してきたモデルに触れてはならないとの暗黙の了解が生まれ，それがいつしか社内風土となっていた。しかし，ナデラCEOは変化を恐れずに新たな世界観を明確に定義した。新たな世界観は，Windowsが持つ価値に加え，外部のプラットフォームやテクノロジーとの融合をクラウドが可能にすることを明確に示すものであった。

　今やマイクロソフトは，会社として目指すべきミッション（☞第2章：19頁）が確立され，その成果をどのように測定するかという考え方そのものが変わった。かつてのWindowsやOfficeなどのソフトウェア製品を売る体制から，クラウドサービスによるサブスクリプションを基盤に，顧客が何を求めているかを常に考えながら，新たなるユーザーエクスペリエンス（顧客体験）を提案し，顧客に使い続けてもらうという方向へと向かっている。

　ナデラCEOが断言した「Purpose-led goal」（目的によって導かれたゴールを目指すべきである）は，ナデラ氏のCEO就任以降，ゴールの持ち方は金額や利益率などのデータではなく，そこにどのような目的が存在するかが重要で

あり，それが問われるオペレーションモデルへと会社全体を変えた。変革を続けなければ，テクノロジー業界における**プラットフォーム企業**（☛本章：73頁）は淘汰されることをマイクロソフトは自らの大転換による経験により学んだのである。

1. 適切な経営資源の配分とは

● 企業が成長し事業規模が大きくなると，適切な経営資源の配分という新たな問題が生じるようになる。たとえば，1960年代から1970年代にかけて米国で加熱したM&A（企業・事業の合併や買収）では，企業が膨れ上がった事業の中から，競争力のある事業とそうでない事業を峻別し清算する必要性に迫られた。企業が事業の「選択と集中」を模索する中で，それを見極める手法として登場したのが，ボストン・コンサルティング・グループ（BCG）が開発した「プロダクト・ポートフォリオ・マネジメント（Product Portfolio Management：PPM）」である。

● PPMは，複数の「戦略的事業単位（Strategic Business Unit：SBU）」に対して，経営資源の適切な配分を決めるための分析手法で，事業構成のマネジメントを意図している。主に金銭的な資源配分について，キャッシュ・フロー（cash flow：現金流量）をSBU毎に評価し，その評価に基づいて適切な資源配分を決める枠組みである。

● PPMでは，SBU毎のキャッシュ・フローについて，「プロダクト・ライフ・サイクル（Product Life Sycle：PLC）」と「経験曲線（experience curve）」の2つを前提としている。これら2つを基にして，資金配分を考えることができる。

● PLCとは，基本的に製品やサービスを市場に投入してから廃止するまでの需要の寿命を示すプロセスである。製品やサービスの収益（売上高や利益）は，導入期，成長期，成熟期，衰退期といったライフサイクルのように推移する。たとえば，導入期や成長期では，市場成長率が高く，市場シェアを高めようとすれば，マーケティングや生産設備，研究開発に多額な投資が必要となる。一方，成熟期や衰退期では，市場の成長率は伸びなくなるが，市場シェアの維持に必要な資金も少なくなる（図表5-1）。

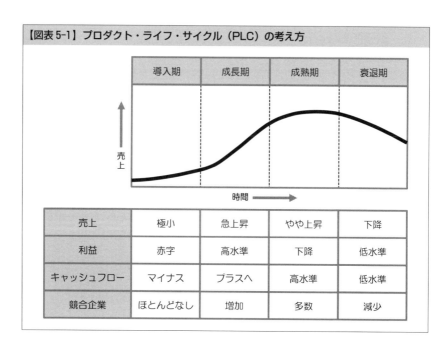

【図表5-1】プロダクト・ライフ・サイクル（PLC）の考え方

	導入期	成長期	成熟期	衰退期
売上	極小	急上昇	やや上昇	下降
利益	赤字	高水準	下降	低水準
キャッシュフロー	マイナス	プラスへ	高水準	低水準
競合企業	ほとんどなし	増加	多数	減少

- 経験曲線とは，製品の累積生産量が増加するに従い，製品ひとつあたりの生産コストが減少するという効果を表す曲線を指す。経験曲線による効果は，累積生産量が2倍になると，生産コストが20％程度減少すると言われている（図表5-2）。

- たとえば，市場シェアが高まれば累積生産量も高まるが，経験曲線効果により生産コストが下がることになるためコスト面で有利となり，競合企業との競争面でも相対的に有利となる。生産コストが下がることにより利益率が上がり，市場シェアがさらに高まることになれば，累積の利益額も増加することになることから，市場シェアの高さと流入する資金量との間には相関関係があることが理解できる（図表5-2）。

- 経験曲線効果は，当初，製造原価の中でも労務費のみが対象になると考えられていたが，1960年代にBCGを中心に調査が進められ，労務費のみならず製造原価全般に加え，販売管理費（販売費及び一般管理費）やマーケティンなどの間接費用を含み，広範囲にわたる企業活動が対象になること

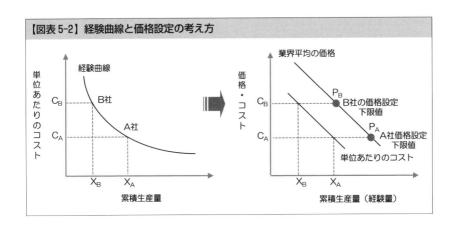

【図表 5-2】経験曲線と価格設定の考え方

が確認されている。

- たとえば，長らく A 社が事業を展開していた業界に B 社が新規に参入したケースを考えてみる。当然ながら，B 社が製品の生産を開始した時点では，A 社はすでに累積生産量を積み上げているので，A 社の単位あたりのコスト（C_A）は B 社（C_B）よりも低くなっている（図表5-2）。それゆえ，価格設定において，A 社は B 社よりも優位に立つことができる。なぜなら，両社が，習熟率（累積生産量の倍増に伴う一定のコスト低下水準）を基にした業界平均の価格を踏襲する場合，A 社の価格設定下限値（P_A）は B 社の価格設定下限値（P_B）よりも高く設定できるからである。A 社が B 社の価格設定下限値（P_B）よりも低い価格に設定すれば，B 社を市場から撤退させることも可能である。但し，習熟率は同一業界内ではほぼ等しく一定であるとする（図表5-2）。
- PLC と経験曲線を基にして，SBU の収益性と将来性を評価する分析ツールが「PPM マトリクス」である。PPM マトリクスでは，収益性の指標として「相対市場シェア」，資金需要の指標として「市場成長率」の 2 つが用いられる（図表5-3）。
- 相対市場シェアとは，市場シェア首位の企業のシェアに対する自社の市場シェアの割合で導かれる数値を指す。自社の市場シェアが業界 1 位であれば，1 の値を上回り優位となるため，1 の値が優劣の判別の基準となる（た

とえば，自社の市場シェアが業界トップの60％で，競合他社が2位で30％の場合，自社の相対市場シェアは60÷30＝2となる。逆に自社が2位の30％で他社が1位の60％の場合には，30÷60＝0.5となる）（図表5-3）。

- 相対市場シェアでは経験曲線効果が前提となり，市場シェアが高い企業ほど生産量が高く経験知が高いことから，効率的な生産が可能になるため収益性が高まることになる。

- 市場成長率とは，各事業の市場における成長率を指し，その事業に投入しなければならない資金が多いか少ないかということを示している。市場成長率ではPLCが前提となる。そのため，成長市場は収益性こそ低いが，将来的な収益力を考慮すると，決して切り捨ててはならず，資金を投入して育てなければならない。一方，安定段階に入った市場では，生産設備への追加投資など資金需要は少なくて済むことになる。この資金需要の必要性について，市場成長率が10％より高いか低いかが判別の基準となる（図表5-3）。

- PPMマトリクスの4つのセル，すなわち，①「金のなる木（cash cow）」，②花形（stars），③問題児（question mark），④負け犬（dog）から，どのようにして経営資源の配分，すなわち，「資金の投入」を行えば良いかが理解できる（図表5-3）。

- 金のなる木（①）は，競争力が高く，高い収益性を生み出すことができるうえ，資金需要が低いことから，このセルに位置するSBUを増やすことが会社にとっては望ましいことになる。ただ，金のなる木は将来の成長性が低いことから，ここで得られた資金は他の成長事業への投資に回ることになる。そこで，将来的に金のなる木を増やすために，その予備軍である花形のセルに位置するSBUへ優先的に資金を多く投資する必要がある。また，将来の花形候補である問題児も資金投下の候補になりうる。

- 花形（②）は，市場成長率がまだ高いことから市場シェアの維持に相当の投資額を必要とするが，相対市場シェアが高いことから資金流入も大きくなる。そのため，花形のセルに位置するSBUから生み出される資金の差し引きは，通常少額のプラスもしくはマイナスとなる。ただ，花形は市場が安定化し資金需要が低くなれば，将来の金のなる木になるため，シェア

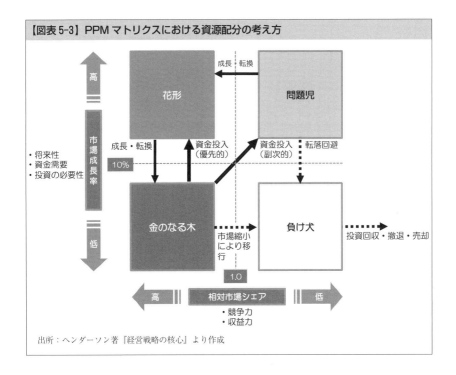

【図表5-3】PPMマトリクスにおける資源配分の考え方

高

市場成長率

・将来性
・資金需要
・投資の必要性

成長・転換

10%

低

成長・転換

花形

資金投入
（優先的）

金のなる木

問題児

資金投入
（副次的）

転落回避

負け犬

市場縮小
により移
行

1.0

投資回収・撤退・売却

高　　相対市場シェア　　低

・競争力
・収益力

出所：ヘンダーソン著『経営戦略の核心』より作成

維持の必要性から積極的な資金投下が必要とされる。

● 問題児のセルに位置するSBU（③）は，PLCの導入期から成長期前半に
あたることから，市場シェアの維持や獲得に多大な投資額を要する。競争
力は低いものの，成長する市場のシェアを獲得できれば，花形へと転換す
る可能性を持つ。

● 負け犬のセルに位置するSBU（④）は，PLCの成熟期後半から衰退期に
あたることから，収益力が低く将来的にも成長が望めないため，投資を抑
えて売上を回収するか，他社に売却し得られた資金を他の成長事業へ投資
するかのどちらかとなる。

● PPMは，PLCと経験曲線効果の議論の単純化に加え，事業間のシナジー
効果や差別化戦略が考慮されていないとの問題点などが指摘されているこ
とから，企業はPPMだけでなく，多面的な手法を使って資金配分を行う

ことが重要である。

2. 垂直的な事業範囲の選択と統合化の優位

- 製品やサービスを最終顧客のもとへ届けるためには，バリューチェーンに含まれる個々の活動すべてが実行されることが不可欠である。その際，企業はこれらの活動のうち，どれを自社で取り組み，どれを他社に任せるかを決定しなければならない。こうした企業による活動への携わり方には，「垂直統合」，「水平分業」，「水平統合」などの形態がある。

- 垂直統合とは，企業が製品の開発，生産，販売などの一連の活動を一手に行うもしくはその範囲を広げることを指す。垂直統合の例として，古くは自動車メーカーによる系列化が存在し，部品供給会社や自動車販売会社などがバリューチェーンの上流から下流までの活動を一手に引き受け，事業範囲を垂直的に統合している（図表5-4）。

- 垂直統合の近年の例としては，SPA（Specialty store retailer of Private label Apparel：製造小売業）がある。SPA は，米国の GAP（衣料品小売大手）のドナルド・フィッシャー会長が1986年に発表した造語で，デザインやブランディングの企画から，縫製や生産などの製造，小売りなどの販売サービスまでを統合した最も垂直統合度の高い販売業態である。その後，統合度がさらに広くなり，現在では，素材調達に始まり，企画，開発，製造，物流，販売，在庫管理などすべての工程を統合化して，サプライチェーン全体のムダやロスを極小化した「ビジネスモデル」として機能している。

- ビジネスモデルとは，事業が有効に機能するための仕組みを意味する。具体的には，企業が提供する製品やサービスと引き換えに，代金を顧客から受領し利潤を得るという一連の構造を指す。その構造は，オペレーションやマネタイズ（収益化）を中心としたフレームワークで構成される。

- 垂直統合のメリットは，すべての工程においてコントロールおよび情報共有・活用が容易になるため，自社の独自性を発揮できるうえ，中間マージンを取り込めるとともに製品を安定的に供給することが可能である。また，原材料や部品製造を内製化することで，信頼できる品質の部品を安定して利用でき，取引費用の削減が可能となる（図表5-5）。

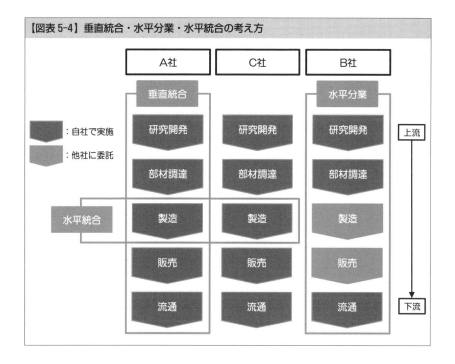

【図表5-4】垂直統合・水平分業・水平統合の考え方

●垂直統合のデメリットは，原材料や部品などを自前で調達するよりも，市場で調達する方が調達コストを抑えることができるため，常にマーケットの把握をしておくことが必要である。また，すべての工程を自社で行う分，初期設備投資や固定費が高くなり，回収期間が長くなる恐れがある。そのため，時代の変化により市場のニーズが急激に変化した場合，柔軟な対応が困難である（図表5-5）。

●水平分業とは，企業が製品の開発，生産，販売など一連の活動すべてを自社で行わず，複数の企業で分業し製品化することを指し，垂直統合と対峙する。たとえば，PCでは，マイクロソフトがOSを，インテルがCPUを供給して，PCメーカーである富士通やソニー，デルなどが，それぞれの部品を組み合わせて製品化している（図表5-4）。

●水平分業のメリットは，自社の得意でない部分を外部のエキスパートに委託することで補うことができ，限られた経営資源で効率よく製品化するこ

【図表5-5】垂直統合・水平分業・水平統合のメリット・デメリット

項目	メリット	デメリット
垂直統合	● 全工程でコントロールが容易 ● 自社の独自性を発揮できる ● 中間マージンを取り込める ● 製品の安定供給が可能 ● 取引費用の削減が可能	● 原材料や部品など調達コストが高くなる ● 初期設備投資や固定費が高くなり，回収期間が長くなる恐れがある
水平分業	● 自社の不得意分野を補える ● 限られた経営資源で効率よく製品化できる ● コストを抑え，市場の変化に柔軟に対応することができる	● 模倣され競争に晒されやすい ● 外注先企業と調整するための手間や費用がかかる
水平統合	● 規模の経済を享受できる ● 競合企業を減らすことができ，価格設定などが有利に運ぶ ● 生産の専門化や標準化などによる合理化の促進が可能	● 規模の拡大から生まれる管理費の増大 ● 企業が製品やサービスの市場の大部分を獲得している場合，独占と見なされる恐れがある

とが可能になることである。また，自社ですべての工程をカバーするよりもコストを抑えることができるうえ，市場の変化に対しては，委託先を変えるなどして柔軟に対応することが可能である（図表5-5）。

●水平分業のデメリットは，水平分業が外部の企業との分業になるため，模倣されやすく，競争に晒されやすい点である。また，外注先の企業と調整するための手間や費用がかかることも挙げられる（図表5-5）。

●水平統合とは，同一業種の他社との合併や買収，アライアンス，内部拡張などにより，自社の事業規模を大きくして，市場における「規模の経済」を実現することを指す（図表5-4）。

●水平統合の例としては，製薬業界や石油化学業界，自動車業界における合併などがある。また，近年では，製造業のEMS（Electronics Manufacturing Service：電子機器受託製造サービス）や流通業における共同配送に見られるように，従来，垂直統合され内部化されていた活動や機能が外部化することで，水平統合が促進される場合もある。

●水平統合のメリットは，同一の製品やサービスを提供する複数の企業が提携することで，市場における規模の経済を享受できることである。具体的

には，原材料の大量購入および製品の大量生産や販売などにより，調達や生産，販売コストをそれぞれ抑えることができる。また，合併や買収，アライアンスなどにより，競合企業を減らすことができ，小売価格の設定を有利に運ぶことなどが可能となる。製造工程においては，生産の専門化や標準化などにより，合理化を図ることができる（図表5-5）。

- 水平統合のデメリットとしては，規模の拡大から生まれる管理費の増大，すなわち，オペレーションコストや人件費などの固定費が大きくなることが挙げられる。また，企業が製品やサービスの市場の大部分を獲得している場合には，独占とみなされる恐れがある（図表5-5）。

3. 標準化とは

- 標準（standard：スタンダード）の形態については，その成立過程に着目した分類が一般的である。既知の分類としては「デファクト標準（de facto standard：事実上の標準）」と「デジュリ標準（de jure standard：標準化団体による標準）」の分け方があり，デファクト標準は市場における競争後に市場シェアをほぼ独占する製品の標準であり，デジュリ標準は定型の手続きにより ISO（国際標準化機構）などの公的な標準化機関が定める標準を意味する（図表5-6）。

- 従来の成立過程では，市場がデファクト標準を大方確定した後，デジュリ標準がこれを公的に認定するという流れが一般的であった。だがその後，市場でデファクト標準が選択される前に，デジュリ標準として確定されるケースが増加して，デジュリ標準の考え方が，事後標準化から事前標準化へと変化したことから，デファクト標準とデジュリ標準とを区別することが極めて難しくなっている。

- デファクト標準を目指した規格争いとして，1970年代後半に起こった家庭用ビデオレコーダの規格競争がある。ソニー陣営のベータ方式とビクター陣営の VHS 方式がし烈な争いを繰り広げ，最終的に VHS 方式が市場に支持され，家庭用ビデオ業界での標準，すなわち，デファクト標準を勝ち取った。

- 画像の品質など技術的にはベータ方式が優れていたが，VHS 方式が業界標

【図表5-6】デファクト標準とデジュリ標準の考え方

項目	デファクト標準	デジュリ標準
定義	● 競争の結果，市場で認知された事実上の標準	● 公的な標準化機関により認証された標準 ※国際標準化機構（ISO）が定める標準や日本産業規格（JIS規格）などがある
決定過程	● 市場原理による決定	● 合議による決定
事例	● 家庭用ビデオ規格のVHS方式 ● パソコンOSのWindows ● インターネットの通信規格であるTCP/IP	● 各種通信やプロトコルなどの規格 ● ブルートゥースの規格

準となりえたのは，長時間録画が可能である点がユーザーに受け入れられたことや，ビクターが技術公開をして他社にもVHSのビデオレコーダを製造できるようにしたこと，さらには，映画供給会社に働きかけて，VHS方式を媒体とした映像ソフトが多く制作されるようになったことなどが挙げられる。

● レンタルビデオ店には，当初，VHS方式とベータ方式の両方のビデオソフトが揃えられていたが，ビクター陣営による映画供給会社への積極的な働きかけにより，VHS方式しかないソフトがその後店頭に並び始めた。こうした状況が作り出されると，VHS方式のビデオレコーダが市場シェアを伸ばし始め，それに呼応して，映画供給会社もVHS方式に傾斜したビデオソフト供給体制をとるようになる。つまり，VHS方式のビデオレコーダの購入者が増えれば増えるほど，映画供給会社がVHS方式でソフトを制作する価値が高まるようになる。こうした相乗効果の結果，VHS方式は，家庭用ビデオ業界においてデファクト標準の地位を獲得した。

● デファクト標準が確立されると競争は変化する。業界標準確立後は，同じ規格を採用している企業同士の競争に転じることになる。家庭用ビデオレコーダのケースでは，VHS方式がデファクト標準として確立すると，それまで協力関係にあった松下電器産業やシャープ，三菱電機，日立製作所

などが一転して競争相手となった。よって，企業はデファクト標準確立後の競争を視野に入れて方針や戦略を立てる必要がある。

4. プラットフォーム・リーダーシップ戦略とは

- 従来「プラットフォーム（platform）」という言葉は，基盤や土台，環境などを指したが，ビジネスでは，製品やサービスを提供する企業と利用者とを結ぶ場所を提供することを意味する。たとえば，市場や証券取引所などであるが，ネット上の検索サイトやマーケットプレイスなども指し，それらは，「ICTプラットフォーム」とも呼ばれる。
- ガワー（Gawer, A.）とクスマノ（Cusumano, M. A.）は，インテルの事例研究を通じて，イノベーションを先導し競争力を維持する指導力を「プラットフォーム・リーダーシップ（platform readership）」と呼び，戦略的なマネジメントの重要性を指摘した。
- インテルの事例研究では，さまざまな部品の組み合わせで製造されるPCにおいて，従来どの部品もプラットフォームになる可能性があったが，インテルが，PCのプロセッサと周辺機器との間の通信を行うためのアーキテクチャーであるPCIバス（PCI bus）こそが，将来的にプラットフォームになりうることを予測してバス開発に乗り出し，プラットフォーム・リーダーシップを発揮したことを実証的に検証している。
- ガワーとクスマノは，自身の研究結果から，プラットフォーム・リーダーシップを構築するための4つの要件，すなわち，①企業の範囲（企業が内部で何を行い，外部企業に何を行わせるかといった活動範囲の選択），②製品化技術（モジュール化の程度や部品間の結合ルール，技術情報の開示の程度といった製品アーキテクチャーに関わる選択），③補完業者との関係（補完業者と協調するか競争するかの選択），④内部組織（①から③の3つの要素の意思決定をサポートするよう組織を構築すること）を導き出した（図表5-7）。
- インテルは，PCIバスをプラットフォームにして，これに合わせた部品を作るよう，他の部品メーカーをコントロールした。部品メーカー各社は，インテルが公開した技術を採用することで製品が開発しやすくなる一方で，

【図表5-7】プラットフォーム・リーダーシップを構築するための要件

項目	要件
①企業の範囲	● 企業が内部で何を行い，外部企業に何を行わせるかといった活動範囲の選択
②製品化技術	● モジュール化の程度や部品間の結合ルール，技術情報の開示の程度といった製品アーキテクチャーに関わる選択ないしは意思決定
③補完業者との関係	● 補完業者と協調するか競争するかの選択で，協調と競争のどちらか一方だけということはありえず，両者のバランスの良い組み合わせが課題
④内部組織	● ①から③の3つの要素の意思決定をサポートするよう組織を構築すること。その際，企業文化と管理プロセスにも配慮した組織設計が必要

インテルのプラットフォームから脱却することが難しくなる。そのため，インテルの PCI バスに合わせた部品が供給され，PC が売れれば売れるほど，インテルの PCI バスが売れることになり，その相乗効果で，このプラットフォームに参加する部品メーカーも増えることになる。こうした現象は，「ネットワークの外部性」と呼ばれる。このように，プラットフォームでは，ネットワークの外部性が働くことが要件となる。

5. 戦略的提携とは

● 企業が新たに経営資源や能力を獲得するための方法には，「企業内部による開発」と「外部からの獲得」の2つがある。外部からの獲得は，「M&A」，「提携」，「市場での取引」に分類できる。

● ジェイ・B・バーニー（Barney, J. B.）によれば，戦略的提携は「2つもしくはそれ以上の独立した組織が，製品，サービスの開発，製造，販売などに関して協力する」ことであり，3つの大きなカテゴリー，すなわち，①業務提携，②業務・資本提携，③ジョイント・ベンチャーに分類することができる（図表5-8）。

● 業務提携（①）では，基本的に出資を伴わない契約形態をとり，協力する企業は，製品・サービスの開発，製造，販売のいずれかを共同で行うもの

【図表5-8】戦略的提携の3つの形態

項目	内容
①業務提携	● 基本的に出資を伴わない契約形態をとり，協力する企業は，製品・サービスの開発，製造，販売のいずれかを共同で行うものの，相互に株式を持ち合ったり，共同事業を管理するための独立組織を作ることはない
②業務・資本提携	● 契約による協力関係を補強するため，一方もしくは相互に提携パートナーの所有権を持ち合う形態である
③ジョイント・ベンチャー	● 協力する提携パートナー企業が共同で投資を行い，新たに法的に独立した企業を設立する形態である。その際，企業から得られるいかなる利益もパートナー企業間で共有される

の，相互に株式を持ち合ったり，共同事業を管理したりするための独立組織を作ることはない。たとえば，ライセンス契約（自社が他社に製品販売におけるブランド名の使用を許諾する契約），供給契約（自社が他社に対して製品・サービスの供給に同意する契約），配送契約（自社が他社の製品の配送を請け負う契約）などがある。

● 業務・資本提携（②）は，契約による協力関係を補強するため，一方もしくは相互に提携パートナーの所有権を持ち合う形態である。たとえば，2019年8月にトヨタとスズキで合意した資本提携では，トヨタが1,000億円弱を投じてスズキの株式を4.9％取得する一方で，スズキもトヨタの株式を480億円分買い付けるといった「株式持ち合い」の形態をとる。近年，自動車業界におけるこうした提携はグローバルレベルで加速化しており，一連の提携強化の動きには，自動運転を含めた新たな分野で協力を押し進めていくとの背景がある。

● ジョイント・ベンチャー（③）は，協力する提携パートナー企業が共同で投資を行い，新たに法的に独立した企業を設立する形態である。その際，企業から得られるいかなる利益もパートナー企業間で共有される。

●ジョイント・ベンチャーが軌道に乗り収益力が高まると，どちらかのパートナー企業が相手企業の保有株式を買い取ったうえで合弁を解消し，完全子会社化するケースが見られる。たとえば，ソニーとエリクソンとの共同出資により，2001年に設立されたソニー・エリクソン・モバイルコミュニケーションズ（携帯電話メーカー）は，2012年にソニーがエリクソンの保有株式を買い取ることで合弁を解消し，完全子会社化後，社名をソニー・モバイルコミュニケーションズに変更している。

●戦略的提携は，全社戦略に関わる高度な戦略的意図を持つ提携関係であると理解できる。たとえば，サムスンはスマホ市場でアンドロイドOSを搭載したギャラクシーブランドを展開し，アップルのiPhoneとは競合関係にあるが，iPhoneX以降アップルと契約して，iPhone用のOLEDパネル（有機ELパネル）を独占供給している。このように，戦略的提携では競争と協力が併存する関係が存在する。

●戦略的提携によるメリットとして第一義的に挙げられるのは，「規模の経済の追求」である。複数の提携パートナーが開発や製造，配送などの機能を統合することにより，個別に遂行する場合よりもコストを削減できる可能性がある。また，提携していなければ競合関係にある企業同士が，競合から重要なスキルや能力を学習することが可能となる点も大きなメリットである。その他にも，戦略的提携には，新規事業に投資する際のリスクやコストを分散できることや，それにより，新たな市場や業界などへ低コストで参入ないしは撤退が可能となることなどが挙げられる。

第6章　競争戦略のマネジメント

【事例紹介】経営環境の変化に対応し事業転換で成長し続けるサイバーエージェントの経営

　経営環境の変化により，成功している事業から新たな事業を孵化して黒字化しコア事業（☛第2章：17頁）に育て上げ**競争優位**（☛第4章：46頁・本章）を構築するのは決して容易なことではない。株式会社サイバーエージェント（サイバーエージェント）は，1998年の創業から20年余りの間に過去の成功体験に囚われることなく，3度にわたる大胆な事業転換を果たして持続的な成長を遂げてきた。

　事業転換の先頭に立ち全権を握って完全なトップダウン体制で統括指揮するのは，創業者であり現在も社長を務める藤田晋氏である。長期的な**ビジョン**（☛第2章：19頁）を持ちつつも，インターネットという流動性の高い産業に軸足を置きながら，5年先を見通して経営に当たってきた。実際，3つの事業転換は概ね5年のスパンで果たしている。

　1つ目の転換点は，2004年であった。既存のB2B（Business To Business：企業間取引）による広告代理業からB2C（Business To Consumer：企業対消費者間取引）のメディア事業への**ポジショニング**（☛本章：79頁）の転換である。ターゲットも事業内容も従来とは異なるという意味で，3つの中では最も難しい試みであった。当時インターネットの広告事業は予想以上に伸びていたが，広告代理業や制作請負業の粗利益率は低く自社で獲得できる利益には限りがあるとの視点から，B2Bの広告事業だけでは早晩限界を迎えるとの見通しがあった。

　一方で上場した2000年頃からメディア事業が急成長して注目を浴びるようになる。当時株価が上昇していたヤフーや楽天などがその典型で，売上拡大の一方でコストを一定に抑えることができる収穫逓増モデルが成長基盤となって

いたが，サイバーエージェントがこのモデルに当てはまっていなかったことから，事業転換すべきことは明白であった。

　そこで，Ameba（アメーバ）を立ち上げ，一気にコンシューマー向けのメディア事業へと舵を切った。サイバーエージェントとしては全く新しいチャレンジであったため，社員の意識を変えることは予想以上に困難を極めたが，根気よく社員を納得させて誰もが同じ方向を向いて協働していく環境を整えることでアメーバを収益化させ，メディア事業への転換を成し遂げた。

　2つ目の転換点は，2011年に訪れた。既存のPCやフィーチャーフォンからスマホへの転換である。スマホ事業への参入はメディア事業への転換に比べて容易に進むことになる。なぜなら，2007年の初代iPhone発売以来スマホが順調に普及したため，フィーチャーフォンに代わりスマホが主役になることは明らかであったことから，社内での意思統一が容易に図られたからである。また，広告事業やメディア事業で培った知見も活かせることができたため，新規事業の成功確率の目算50％に対して，最終的には成功確率を80％まで上げてスムーズな転換が可能となった。

　3つ目の転換は，2016年から始めたインターネットテレビ局Abema（アベマ）TVによる動画事業である。誰もが知っていて分かりやすく社内的にも稟議を通しやすいとの視点から，当初，ネットフリックス型の**ビジネスモデル**（☛第5章：68頁）を考えたが，先行事例を踏襲して100％成功すると分かっているモデルで始めても，**差別化**（☛本章：86頁）が図れず競争が激化するだけで大きなリターンを期待できないことから，オリジナルなビジネスモデルで展開する方針をとった。こうして，AbemaTVは，PCやスマホ，スマートテレビ向けのライブストリーミング形式インターネットテレビサービスおよびビデオエンターテーメントサービスとして，開始されることになった。

　こうした一連の事業転換の経験は，**経営資源**（☛第1章：5頁・第5章：63頁・本章：87頁）の中でも人材の起用に新たな気付きを得られる機会にもなった。それは，特定の事業を成長させられる人材と企業体を変える事業を成功に導ける人材は全く異なることである。

　これまで，個別の事業では，自発的に判断し事業を前進させることができる人材を登用して，積極的に事業を任せることで彼らの能力を高め成長を促して

きたが，事業転換のように会社が大きな転換点を迎えるときや全く未知なる分野に挑戦するときは，経営トップが全権を握って完全なトップダウン体制で進めるため，指示したり依頼したりしたことに対して100％の成果で答えてくれる人材を起用して企業体を変える事業を成功に導いてきた。なぜなら，そうした試みは，現在の延長線上にあるのではなく，これまでに経験したことのない事業を作る挑戦だからである。

3つの事業はいずれも，**コア事業**（☛第2章：17頁）の業績が良い時に次の事業の柱として立ち上がっている。現在の事業が悪化してから新たな事業を考え始めても選択肢が限られてしまい，現業の業績が悪化している企業が新しいことに取り組もうとしても大きな投資をする余裕がないという経営の鉄則を藤田社長は熟知していたわけである。

1. ポジショニング・アプローチとは

- ●競争優位とは，競合企業との競争における優位性で，競争が自社に有利に展開できるような状態を指すが，この競争優位の源泉を「企業の外部環境」に求めたのが，「ポジショニング・アプローチ」である。ポジショニング・アプローチでは，企業の競争優位は，産業構造と産業内における自社のポジショニングにより決まる。

- ●ポジショニングとは，①収益性の高い市場と，②収益を上げられる位置取りをそれぞれ見極めることの2つであるとして，「業界構造分析（ファイブ・フォース分析）」を提唱したのがマイケル・ポーターである。ポーターは経済学の一分野である産業組織論を応用することでこれを明らかにした。

- ●ポーターのポジショニング理論のベースになったのは，産業組織論の「SCPパラダイム（Structure Conduct Performance Paradigm）」の考え方である。SCPパラダイムは，業界構造に基づいて企業が行動し，企業の行動により市場の成果（ポーターは成果の中でも投資収益率に着目した）が決まるという考え方である。これを競争戦略論に応用すると，業界構造が収益性を規定するため，この分析をまず行い，そのうえで，これに対応する行動をとることで，競合企業より高い収益が獲得できるというものである。

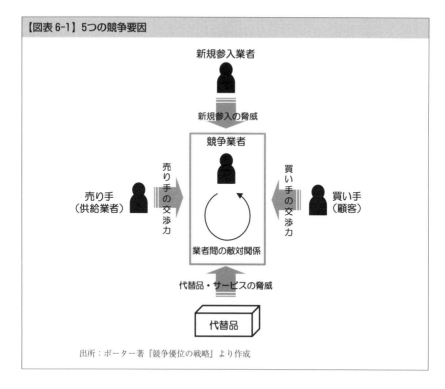

【図表6-1】5つの競争要因

新規参入業者

新規参入の脅威

競争業者

売り手の交渉力

売り手（供給業者）

業者間の敵対関係

買い手の交渉力

買い手（顧客）

代替品・サービスの脅威

代替品

出所：ポーター著『競争優位の戦略』より作成

- 業界構造分析では，業界における競争の程度を判別できる。業界の競争の程度に影響し収益性を左右する要因として，①新規参入の脅威，②代替品やサービスの脅威，③買い手（顧客）の交渉力，④売り手（供給業者）の交渉力，⑤既存競争業者間の敵対関係という5つの「競争要因」と，これらの要因の脅威の原因となる項目を検証することで，自社の事業に影響を及ぼす要因を抽出することが可能となる（図表6-1）。

- 5つの競争要因が絡まり合うことで，業界内で自社が平均的に資本コスト以上の投資収益を稼げるかどうかが決まる。つまり，5つの競争要因は，業界全体の価格，コスト，必要投資額，すなわち，投資収益率の要素に影響することから，業界の収益率が決まることになる。

- ポーターが重視したのはポジショニングで，事業戦略策定プロセスは，競争を回避することができる適正なポジションを見つけ出し選択することで，

業界で収益を上げることを目指したものである。

- 業界構造分析は，いわゆる「拡張されたライバル関係」を扱う分析フレームワークである。ここで言うライバルとは，競合関係にある同業他社に止まらず，原材料や部品の供給業者，最終顧客や卸売り，小売り業者などの買い手など，業界における収益をめぐってライバル関係にあるものすべてが含まれる。たとえば，原材料や部品を安価に調達し最終顧客が高値で購入してくれれば，業界で競争する企業の収益性が向上することになる。

- 新規参入の脅威（①）は，業界に新しい企業が参入することでもたらされる脅威で，「参入障壁」と「予想される反撃」の2つの要因の組み合わせにより決定される。参入障壁が高いほど新規参入は起こりにくく，参入障壁を乗り越え市場に参入した際，既存企業から激しい反撃に合うことが予想される場合，新規参入の脅威は低くなる。逆に，参入障壁が低く既存企業からの反撃がないと予想されれば，新規参入の脅威は高くなる（図表6-2）。

- 代替品やサービスの脅威（②）は，自社が提供する製品やサービスが，同じ機能を提供する他の製品やサービスに取って代わる危険性を指す。ここで言う代替品とは，現状で自社の製品やサービスが満たしている顧客ニーズを，異なるアプローチで満たすような製品やサービスを意味する。たとえば，自動車，電車，飛行機などの輸送機能，ダイヤルアップ接続からADSLや光ファイバーによる常時接続サービスへと移行したインターネット接続サービス，カセットやビデオテープからCDやDVDへと移行した記録媒体などがある（図表6-2）。

- 買い手（顧客）の交渉力（③）や売り手（供給業者）の交渉力（④）は，買い手である顧客や売り手である供給業者（サプライヤー）が企業に対して持っている価格交渉力を指す。顧客や供給業者との価格交渉力は，自社との相対的な「依存度」や「パワー関係」によって決まる。依存度が高くなればなるほど，交渉力は弱くなるし，大型家電量販店や大口ユーザーのように，供給業者や顧客の規模が相対的に大きい場合は，供給業者や顧客の価格交渉力は強くなる。また，買い手や売り手が最も交渉力を持つのは「買い手独占」や「売り手独占」の状況下にある場合である（図表6-2）。

【図表6-2】業界構造の要素

項目	業界構造の要素
①新規参入の脅威	【参入障壁】規模の経済が強く作用，特異な製品差，ブランドの信用，取引相手を変えるコスト，巨額の投資，流通チャネルの利用，絶対的なコスト優位，必要資材の入手，特異な低コスト製品設計，政府の政策，予想される反撃など
②代替品やサービスの脅威	【代替品の脅威の要因】代替品の相対的価格パフォーマンス，代替品への切り替えコスト，買い手の代替品への好みなど
③買い手の交渉力	【交渉能力】買い手の専業度対会社の専業度，買い手の注文量，買い手が仕入れ先を変えるコスト対会社が売り先を変えるコスト，買い手の情報，川上統合能力，代替品の有無など 【価格敏感度】仕入価格の水準，製品の差別化，ブランド意識，品質・性能との関係，買い手の利益，仕入決定者の狙いなど
④売り手の交渉力	【売り手の交渉力の要因】資材の差別化の程度，供給業者と仕入れ会社の取引相手を変えるコスト，代替資材の出現，供給業者の専業化，仕入量の供給業者に与える重み，業界の総仕入量対コスト，資材のコストまたは差別化に与える影響，業界の会社を狙う川上統合の脅威対供給業者の狙う川下統合の脅威など
⑤既存競争業者間の敵対関係	【敵対関係の要因】業界の成長率，固定（または在庫）コスト対付加価値，生産能力の拡大が随時可能，製品差，ブランドの信用度，取引相手を変えるコスト，専業化とバランス，情報の複雑さ，競争相手の多角化の程度，企業目的，撤退障壁など

出所：ポーター著『競争優位の戦略—いかに高業績を持続させるか』より作成

- 既存競争業者間の敵対関係（⑤）は，業界内における競争の激しさを表し，競争の激しさには，市場の成長率や固定費などの高さ，ブランドの信用度，取引相手を変えるコスト，撤退障壁など，さまざまな要因が影響を与える。たとえば，市場の成長率が高ければ，競合企業間でシェアを奪い合う必要はなくなる。また，大規模な設備投資が必要な業界では，撤退することへのリスクが高くなるため撤退しにくくなり，企業は市場での地位を守ろうとするので，業界内での競争が激しくなる（図表6-2）。

- その他にも，業界内における競争が激しくなるのは，「市場の成長が遅く，競合企業からシェアを奪わないと成長するのが難しい」や「固定コストや在庫コストが高く，売り切りを迫られる」，「規模の優劣がなく同業者が多い」，「製品を差別化することが難しく価格の勝負になる」などの場合が考えられる。

【図表6-3】業界構造分析の考え方

項目	業界	
	魅力的である	魅力的でない
①新規参入の脅威	小	大
②代替品やサービスの脅威	小	大
③買い手（顧客）の交渉力	弱	強
④売り手（供給業者）の交渉力	弱	強
⑤既存競争業者間の敵対関係	弱	強
業界における潜在的な平均利益率	高	低

- 業界構造分析を行った結果，業界における新規参入の脅威や代替製品やサービスの脅威が小さく，買い手（顧客）の交渉力や売り手（供給業者）の交渉力，既存競争業者間の敵対関係が弱ければ，業界における潜在的な平均利益率は高く魅力的であると判断することができる（図表6-3）。

2. 競争戦略の基本形

- ポーターは，業界構造分析により収益を上げられる位置取りを導き出した後，そのポジションで競争優位を築くことに成功するための戦略として，①コストリーダーシップ戦略，②差別化戦略，③集中戦略という3つの基本戦略を示した（図表6-4）。
- コストリーダーシップ戦略（①）は，業界内で最も低いコスト構造を追求しその構築を目指す戦略である。競合企業に比べて低いコストを実現することになれば，価格に転嫁して相対的に他社よりも安い価格を設定できるし，価格を競合企業と同程度の水準に保てば，高い利益率を実現することが可能となる。具体的には，研究開発を抑えることや生産効率の向上，マーケティングの抑制などが求められる（図表6-4）。
- 差別化戦略（②）は，顧客に自社の製品やサービスが特別であると認めて

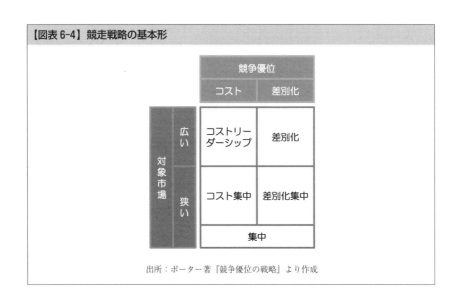

【図表6-4】競走戦略の基本形

		競争優位	
		コスト	差別化
対象市場	広い	コストリーダーシップ	差別化
	狭い	コスト集中	差別化集中
		集中	

出所：ポーター著『競争優位の戦略』より作成

もらえるような価値を提供することを通じて，競争優位の確立を目指す戦略である。この戦略では，顧客が自社の製品やサービスに対して支払ってもいいと考える金額，すなわち，「支払意思額（Willingness To Pay：WTP)」（特異性のために支払われる価格プレミアム）を競合他社よりも高く設定することにより，より多くの利益の獲得を目指すことが可能となる。具体的には，研究開発への積極投資や製品機能の強化，ブランド価値の向上などが求められる（図表6-4)。

● 集中戦略（③）は，業界内で特定のセグメントに事業を絞り込んで，そこに経営資源を集中する戦略である。具体的には，製品やサービスの種類，顧客の年齢などによる区分，地域など特定の市場領域などがセグメントとしてのターゲットになり，それらをひとつもしくは少数選択して資源を集中する。集中戦略は，低コストの実現，すなわちコスト優位を追求する「コスト集中」と，高付加価値の実現，すなわち差別化優位を追求する「差別化集中」の2つに分けられる（図表6-4)。

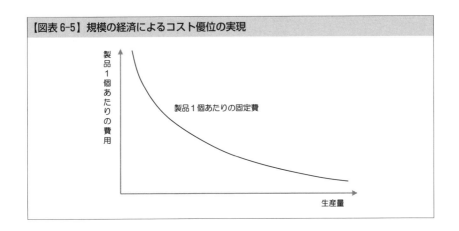

【図表6-5】規模の経済によるコスト優位の実現

製品1個あたりの費用

製品1個あたりの固定費

生産量

3. 競争優位のための戦略Ⅰ：コストリーダーシップ戦略

- ●コストリーダーシップ戦略では，業界内で最も低いコスト構造を追求して，競合企業に対して優位な立場にある「コスト優位」の状況を作り出す必要があることから，いかにコストを削減するかがポイントとなる。コスト優位を実現する代表的な方法として，①規模の経済，②経験効果などがある。
- ●規模の経済（①）は，製品の生産や販売の規模を拡大することで，生産や販売に関わる費用，とりわけ「1個あたりの費用」が減少することを指す。具体的には，研究開発費や設備投資費，宣伝広告費，地代などの固定費の負担が，生産や販売規模の拡大とともに低下することである。すでに大量生産を行っている競合企業が存在する状況で，大規模投資をして生産規模を拡大すると，過剰供給に陥り市場で値崩れを引き起こす可能性がある（図表6-5）。
- ●設備投資は，企業が事業に用いる設備，すなわち「有形固定資産」や「無形固定資産」に対して行う投資を指す。有形固定資産は，生産を行うための工場や機械，事業所，店舗などが含まれ，また，無形固定資産は，ソフトウェアに加え，特許や商標権などが含まれる。企業が設備投資を行う目的はさまざまで，生産設備の構築や補強，生産能力の拡大，合理化，情報化などが挙げられる。
- ●経験効果（②）は，製品を多く作ることにより，生産ノウハウが蓄積され，

生産コストが下がることを指す。先行して大量に生産することで，後発企業よりもコスト優位を実現できる。これを価格に転嫁して，値段を下げて販売すれば，後発企業よりコストが低いことから，製品の品質や機能が同等であれば，後発企業より安く生産し売ることが可能となる。結果として，後発企業より相対的に多く売れることになることから，優位性を維持することが可能となる。

- 規模の経済や経験効果の他にも，コスト優位を実現する方法はある。たとえば，大量生産により買い手，すなわち供給業者への発注量が多くなれば，自社が大口の優良顧客となることから，買い手の交渉力が高まり，後発企業より安く調達することができるようになる。

4. 競争優位のための戦略Ⅱ：差別化戦略

- 差別化戦略では，顧客に評価される特別な価値（特異性）を創造し，それを自社のみが実現していることを示す必要がある。このように，特異性を追求して競合企業に対して優位な立場を作り出すことが「差別化優位」である。

- ポーターは，差別化が持続化する条件として，①顧客が自社の価値をどのくらい長く認めてくれるか，②競合企業がどのくらいの期間自社の差別化を模倣しないでいるかの2つを挙げている。②については，競合企業が模倣困難な経営資源を用いることの必要性を指摘している。また，差別化のコストよりも高額な価格プレミアム（特異性への対価）をもたらすような差別化の方法を常に模索する必要がある（図表6-6）。

- 差別化優位を実現するためには，製品差別化（デザインや特性など），サービス差別化，ブランド差別化など，さまざまな種類がある。製品差別化では多機能化や高級化の追求，サービス差別化では付加価値サービスの実現，ブランド差別化では独自性の追求などのアプローチが考えられる。

- 差別化優位の実現が困難な場合，市場の需給関係に基づき製品の価格だけで販売数が決まる価格競争になる。価格競争では，利益を圧縮して数量をこなす販売となることから，企業が体力を消耗する状況に陥ることになる。

- トヨタのプリウスは，世界最初のハイブリッド量産車として，差別化優位

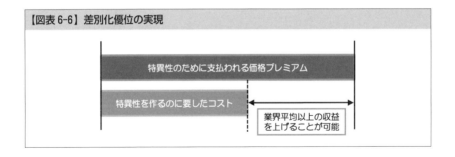

【図表6-6】差別化優位の実現

特異性のために支払われる価格プレミアム

特異性を作るのに要したコスト

業界平均以上の収益を上げることが可能

を築いた。プリウスは，エンジン（内燃機関）とモーター（電動機）の2つの動力源を備えることで，「ハイブリッド」という概念を自動車業界に持ち込み，燃費効率の改善と有害排出物の低減を可能にして，新しいブランド・イメージを創造した。こうしたイメージがひとたび確立されれば，競合企業がそれを覆すことは困難になる。実際，ハイブリッド車と言えば，顧客にはいち早くプリウスが想起される。

5. 経営資源アプローチと競争戦略の策定

●競争優位の実現には，外部環境からの競争圧力に対処できるポジショニングの確保こそが重要であると説いたポジショニング・アプローチの考え方が存在するが，これと対峙して，内部環境，すなわち企業が保有する経営資源に着目して，競合企業が持つことのできない卓越した技術や能力などの保有が重要であることを説いた「経営資源アプローチ（Resourced Based View：RBV）」の考え方がある。

●競争優位の実現を可能にするには，競合企業が保有していない卓越した経営資源が必要であるが，それでは，競争優位の源泉となる経営資源とは，いかなる資源を指すのか。この点について，RBVの代表的な研究者であるバーニーは，RBVの基本的前提を，①経営資源の特異性と，②経営資源の固着性の2つであると捉え，「VRIOフレームワーク」を提唱した（図表6-7）。

●経営資源の特異性（①）とは，企業ごとに経営資源が異なることを，また，経営資源の固着性（②）とは，複製コストが非常に大きいもしくは供給が

【図表6-7】VRIO フレームワークの考え方

その経営資源やケイパビリティは				優位性の評価
価値があるか	希少か	模倣コストは大きいか	組織的に活用されているか	
NO	—	—	NO	競走劣位：競争力がなく，収益性が低い
YES	NO	—		競争均衡：競争力も収益性も通常レベル
YES	YES	NO		一時的競争優位：現状では競争力があり収益性は高いが一時的
YES	YES	YES	YES	持続的競争優位：競争力と収益性が高い状態でそれが持続する

出所：バーニー著『企業戦略論』より作成

非弾力的，すなわち模倣が困難であるか供給量が価格の変化に左右されないことを意味する。

● バーニーはこうした前提に立つ経営資源を，①財務資本（戦略を実行するうえで企業が利用できる金銭的資源），②物的資本（企業が保有する物理的技術や工場，設備もしくは立地，原材料へのアクセスなど），③人的資本（人材に加え人材育成訓練，人材が保有する経験，判断，知性，人間関係，洞察力などが含まれる），④組織資本（企業内部の公式な組織構造，公式・非公式の計画，管理，調整のシステム，グループ間の非公式な関係，自社と他企業との関係など）の４つに分類している。

● こうした経営資源は，プラハラードとベティス（Bettis, R. A.）が多角化戦略の研究で用いた「ドミナント・ロジック（支配的論理）」，ハメルとプラハラードが多角化管理の論考で提唱した「コア・コンピタンス」，ジョージ・ストーク（Stalk, G.），フィリップ・エバンス（Evans, P.），ローレンス・シュルマン（Shulman, L.）らが研究の中で主張した「ケイパビリティ」と基本的には同じ意味である。

● バーニーは，経営資源が持続的な競争優位をもたらすためには，「VRIO」と呼ばれる４つの条件，すなわち，①経済価値（Value），②希少性（Rarity），③模倣困難性（Inimitability），④組織（Organization）が必要であるとして，

この４つの側面から経営資源を評価し，それが自社の強みとなっているか否かを判断する枠組みとして「VRIO フレームワーク」を提唱した（図表6-7）。

- ●経済価値（①）では「その企業の保有する経営資源やケイパビリティは，その企業が外部環境における脅威や機会に適応することを可能にするか」が，希少性（②）では「その経営資源を現在コントロールしているのは，ごく少数の競合企業だろうか」が，模倣困難性（③）では「その経営資源を保有していない企業は，その経営資源を獲得あるいは開発する際にコスト上の不利に直面するだろうか」が，組織（④）では「企業が保有する，価値があり希少で模倣コストの大きい経営資源を活用するために，組織的な方針や手続きが整っているだろうか」がそれぞれ問われる（図表6-7）。

- ●バーニーは，VRIO フレームワークに基づき，自社の経営資源が価値があり，希少性があり，模倣コストも大きい場合には，そのような経営資源は持続的競争優位を生み出す源泉になり得るが，そうした経営資源を最大限に活用するような組織の構築に失敗した場合には経営資源により生まれる利益の一部が消失すると説いている（図表6-7）。

6. プロダクト・ライフ・サイクルに基づく戦略

- ●プロダクト・ライフ・サイクル（Product Life Sycle：PLC）とは，基本的に製品やサービスを市場に投入してから廃止するまでの需要の寿命を示すプロセスである。製品やサービスの市場が立ち上がると，顧客が増えるにつれて，平均的なコストが変動する。その一方で，顧客は機能や価格，品質など購入時に重視する視点が変わる。こうした変化に伴い，企業は戦略の転換を求められることになる（図表6-8）。

- ● PLC では，製品の段階が，①導入期，②成長期，③成熟期，④衰退期の４つに分かれ，それぞれの段階において企業がとるべき戦略が異なる（図表6-8）。

- ●導入期（①）は製品を市場に投入する段階で，市場自体が小さく未成熟であることから，目新しさに魅力を感じ先端技術などに敏感な顧客（イノベーター）が多く，競合企業があまり進出していない状況にある。製品開発

【図表6-8】PLCに基づく戦略

	項目	導入期	成長期	成熟期	衰退期
	市場規模	低成長 →	急成長 ↗	低成長 →	縮小 →
	普及率の目安	2.5%	4〜49%	50〜84%	85%〜
	競合企業	ほとんどなし	増加	多数	減少
	売上	極小	急上昇	やや上昇	下降
	利益	赤字	高水準	低水準	下降
	戦略	市場拡大	シェア拡大	シェア防衛	低水準
M	Product	基礎的機能	改良	差別化	合理化
M	Price	高水準	低下	低水準	最低水準
(注)	Place	専門店	量販店	量販店	量販店・その他
	Promotion	専門誌	マス	マス	マス・その他

注：MM=Marketing Mix

費のみならず販売促進費や流通コストなどの負担が大きいことから，利益はほとんど期待できない（図表6-8）。

● こうした状況下で，企業がとるべき選択肢として考えられるのは，イノベーターに製品の積極購入を促すことである。製品としては基礎的機能であっても，目新しさという価値を評価するイノベーターが高水準の価格で購入することは十分に見込まれる。イノベーター層の意見を基にして製品改良を進め，市場での普及率2.5％を目指して，量産への下準備や体制を整える。

● 成長期（②）は市場に投入した製品やサービスが顧客に認知され，急激に普及していく段階であることから，製品の購入はマニア層のイノベーターから一般の顧客層へと広がり，競合企業による新規参入も増加する。そのため，一般層向けに製品改良を進め価格を低水準に設定し，ブランド確立を目指して市場シェアの拡大を図る（図表6-8）。

- 成長期において企業が目指すべきは，売上の最大化もしくは利益の最大化で，コストリーダーシップ戦略で市場シェア獲得を目指すのか，差別化戦略による高い付加価値でブランド確立を目指すのか，企業は市場におけるポジショニングの選択を求められる。
- 成熟期（③）は製品が一般層に一通り行き渡り，市場の成長が鈍化し縮小傾向に転じることから，市場で競合する多くの企業が市場シェアを分け合って成長することは難しくなる。顧客の関心は目新しさから安全性の重視へと移り，顧客ニーズも多様化することから，企業は市場における自社のポジションや市場シェアの占有率に応じた戦略をとることが求められる（図表 6-8）。
- 製品の認知度が高く生産体制が整っていれば，新たに大きな出費がなくなることから，事業で得られる利益額も大きくなる。そのため，市場シェアの防衛に戦略をシフトし，オペレーション効率を引き上げるなど差別化を図りながら，広告や宣伝活動に注力するなどして，事業の継続を図ることが求められる。
- 衰退期（④）は顧客の購買意欲が低下し志向が変わるうえ，代替品なども出現することから販売量が減少し，収益の低下を招くことになる。すべての企業が利潤を上げることが難しくなるため，企業は事業継続か市場からの徹底のどちらかを選択し，それに応じた戦略をとることが求められる（図表 6-8）。
- 事業継続の場合には，生産性の向上を図るとともに，製品の合理化を図りアフターサービスやメンテナンスを充実する戦略をとることができる。一方で新たな消費ニーズを模索することで製品コンセプトを見直し新たな市場を開拓するといった生存戦略をとることも可能である。
- 生存戦略で成功した事例として，任天堂が 2006 年 12 月に発売開始した Wii がある。Wii は，リモコンを道具に見立てて使うことで直感的なゲーム操作を可能とし，身体を動かしてゲームを楽しむといった新しいプレイスタイルを生み出した。これにより，それまで飽和状態にあったゲーム市場で，ゲーム初心者や女性，高齢者などの新たなユーザー層を取り込むことに成功して，製品寿命の延命化による市場の復活を果たし成長軌道に乗

せた。

- 他方，事業を維持したり市場を成長軌道に戻したりすることが困難な場合には，既存顧客との関係などを考慮して市場からの撤退戦略をとることになる。

- 新しい市場に早期参入したり，自分自身で新しい市場を創り出したりすることで，利益を独占し市場における優位を確立することができる。これは，「先行者の利益」（「先発者の利益」）もしくは「先行者優位」（「先発優位」）と呼ばれる。先行者利益を獲得した企業は，標準化など商品そのもののコンセプトだけでなく市場や業界のルールなども自社で決めやすくなる一方で，商品やサービスの開発コストに加え，「新しさ」を市場に認知してもらったり価値を伝えたりする際にかかるコストを負担しなければならない。

- 他方，先発企業に対して後発企業であるがゆえに得られる利益も存在する。これは，「後発者の利益」もしくは「後発優位」と呼ばれる。後発企業は先発企業の行動から，より少ない投資で最大限の効果を生むことができる。たとえば，技術開発に無駄な投資が抑えられたり，宣伝広告はすでに市場が形成されているので，製品価値よりもブランド価値をメインに訴求したりすることが可能となる。

第7章　イノベーションのマネジメント

【事例紹介】デジタル化で施工の最適化を実現するコマツのオープン・イノベーション

　株式会社小松製作所（コマツ）は，建設土木業の施行プロセスにICT（Information and Communication Technology：情報通信技術）をいち早く取り入れ，生産性の向上に積極的に取り組んできた。その取り組みは施行プロセスすべてを対象としたもので，「スマートコンストラクション（スマコン）」の名称で施工の最適化を図る総合的なソリューションとして業界に投入され，これまで国内で1万以上の現場で導入されている。そのうえ，スマコンをオープンな**プラットフォーム**（☛第5章：73頁）にして，すべての情報を公開していかなる事業者でも新たなソリューションやアプリケーション（アプリ）の提案ができるようにした。

　スマコンは単なる**技術の進歩**（☛本章：95頁）に止まらず画期的な**イノベーション**（☛本章：95頁）として評価されたことから，2020年には，第3回日本サービス大賞・内閣総理大臣賞を受賞するに至っている。

　スマコンの開発においては，社会的ニーズが明確であった。国土交通省の試算によると，2015年時点の建設技能労働者数が約331万人で，そのうち55歳以上が約112万人であることから，この人たちの多くが今後10年で離職することを考えると，生産性を少なくとも3〜4割程度上げないと社会インフラを守ることができない。建設土木工事の生産性を飛躍的に向上させるには，施行プロセス**全体の最適化**（☛第4章：49頁）を図るしかなく，そのために必要な技術を組み合わせて開発したのがスマコンである。

　スマコン開発の嚆矢となったのは，「KOMTRAX」（機械稼働管理システム）であった。1998年に開発して自社の建機に標準装備した。これにより，世界中に点在するコマツの建機の稼働状況がリアルタイムで把握できるようになり，保守サービスなどの事業を拡大することが可能となった。

しかし，こうした ICT 建機の性能がどんなに良くなっても，機械単体では建設現場全体の生産性を向上させることは難しい。そのため，ICT 建機をさまざまな建設会社に実際に試してもらうことにしたが，実際の試供結果でも，機械の生産性や使い勝手の良さは認識してもらえるものの，それだけでは必ずしも生産性が上がるとは限らないことが分かった。

　建設土木工事の現場では幾つもの工程を経て施行が進むが，ICT 建機が作業を担うのはひとつの工程のみである。その前後を含め施工全体のプロセスを改善しなければ，現場の生産性を劇的に上げることはできない。そのため，建設現場の工程一つひとつを見える化し，全体の最適化を図り施工プロセス全体をシステムとしてサポートすることにした。

　こうして，2015 年 2 月にスマコンの提供を開始した。スマコンでは，クラウド上で現況の高精度測量，施工完成図面の三次元化，変動要因の調査・解析，施工計画の作成など 6 つのプロセスに関わる情報を一元管理することで見える化し，それらの情報を繋げて活用できるようにして効率的な施工管理をサポートしている。

　スマコンの開発過程では，さまざまな障害があった。中でも工事前の造成すべき地形の高精度測量データの取得は困難を極めた。基本的に，造成の現況がどうなっているかを精緻な三次元データで把握できないと，実際に土を削ったり運んだりする作業にどれだけの時間が必要なのかを正確に掴むことはできない。普通はヒトが光波測距計で測量するが，それだと手間がかかるうえ精緻なデータを取得するのは難しく，業界における長年の課題であった。

　そこで，ドローンを活用して上空から地表を撮影し三次元の地表データを作ることにしたが，地表には樹木や何らかの構造物があるので，そうしたノイズを手作業で除去していくしかなく，非常に時間のかかるものであった。この問題を解決するには，ドローンで撮影したデータからノイズを自動的にスクリーニングする技術が必要であったが，社内にはそうした技術がなかったため，外部調達を模索しシリコンバレーの**スタートアップ**（新興企業）（☞ **本章：100 頁**）であるスカイキャッチから導入することを決めた。

　このように，ICT 建機の開発からスマコンへの開発へとステップアップするには，高度な ICT や AI，AR（拡張現実）などの技術が必要となるが，そう

した技術を内製して調達していると，社会や環境の素早い変化についていくことはできないことから，コマツは外部から調達する**オープン・イノベーション**（☛ **本章：106頁**）を積極的に活用している。

　2017年10月には，スマコンの基盤プラットフォームであるランドログ（LANDLOG）をオープン化した。これにより，スマコンが導入された工事現場で協働するさまざまな会社の人たちが工事プロセスに関わるすべてのデータを見られるようになり，建設業向けに活用できるアプリや適切なソリューションを開発した会社はランドログでの提供が可能となった。コマツはこれを安全性や生産性の高い現場を実現するプラットフォームに発展させていく意向である。

1. イノベーションの考え方

- ●「イノベーションの祖」であるヨーゼフ・アロイス・シュンペーター（Schumpeter, J. A.）は，『経済発展の理論』（1911年）の中で，イノベーションを新しい組み合わせ，すなわち，「新結合」と定義し，①新しい財貨の生産，②新しい生産方法の導入，③新しい販路の開拓，④新しい材料や仕入れ先の獲得，⑤新しい組織の実現の5つを示唆している（図表7-1）。

- ●シュンペーターの考え方に基づくと，イノベーションは画期的な製品やサービスを創り出すという意味の「革新」を指し，既存の製品やサービスの改良や改善である「技術の進歩」を含まない（図表7-2）。

- ●イノベーションは，ゼロから新たに製品やサービスを創り出すという意味で「非連続性」の特性を持つ。他方，技術の進歩は既存の次元のうえで改良や改善が行われることから，「連続性」の特性を有する（図表7-2）。

- ●イノベーションと技術の進歩とはトレードオフの関係にある。画期的な製品を開発する際には，イノベーションが非連続性の特性を有することから，既存製品やサービスの改良や改善において蓄積された知見や経験知は足かせとなる。

- ●　イノベーションには，非連続性の他に，「普及すること」や「需要サイドに劇的な価値をもたらすこと」という特徴を有する（図表7-2）。

- ●シュンペーターが示した「創造的破壊」は，単に技術の進歩だけを行って

【図表 7-1】新しい組み合わせによるイノベーション

項目	内容
①新しい財貨の生産	● 消費者間ではまだ知られていない新たな品質を備えた新機軸の製品やサービスを開発し生産すること
②新しい生産方法の導入	● 新たな生産方法の導入で，生産方法については必ずしも科学的に新しい発見に基づく必要はなく，商品の商業的取扱いに関する新たな方法も含まれる
③新しい販路の開拓	● 新規，既存の市場を問わず，参入経験のない市場の開拓
④新しい材料や仕入れ先の獲得	● 製品を作るために必要な原材料や仕入れ先の獲得を意味し，原料などの新しい使い方も含まれる。また，仕入れ先は既存か否かを問わない
⑤新しい組織の実現	● 組織そのものの改革を行うことに加え，古い企業ではなく新しい企業の出現も意味する

出所：シュンペーター著『経済発展の理論』より作成

【図表 7-2】イノベーションの考え方

企業活動	シュンペーターによる考え方	特徴
①新たな製品やサービスを創り出す活動（知の「探索」）	● 新結合：画期的な革新（イノベーション）	● 非連続性 ● 普及すること ● 需要サイドに劇的な価値をもたらすこと
②既存の製品やサービスを改良し改善する活動（知の「深化」）	● 既存製品やサービスの改良や改善（技術の進歩）	● 連続性

出所：シュンペーター著『経済発展の理論』より作成

いれば経営が安泰という考え方ではなく，イノベーション，すなわち，新たに画期的な製品やサービスを創造し続けなければ，企業は変化に呑み込まれてしまうとの考え方である。既存製品やサービスの改良や改善ばかりに傾注していると，「文脈に縛られてしまうこと」になる。

●たとえば，ソニーのテレビ事業を見てみると，ソニーは，1968 年に独自方式のトリニトロン管カラーテレビを開発して，いち早くブラウン管テレビ市場でリーダーとしての地位を築いた。その後，ブラウン管の改良や改善を重ね，1996 年には，それまで実現が困難であるとされていたフラット化

に成功し，スーパーフラットトリニトロン管を開発した。この成功は，ソニーをさらにブラウン管技術に固執させることになり，シャープが2001年に新たに液晶技術を搭載して開発した「AQUOS」を発売しても，新技術によるテレビ開発に着手しなかった。ソニーが液晶技術を使用して開発した「BRAVIA」を発売したのは，AQUOS発売から4年後の2005年で，その後も2年余りにわたりブラウン管を搭載したWEGAを生産し続けた。これにより，ソニーはテレビ市場でリーダーとしての地位を追われることになった。

- イノベーションとは，「画期的な製品やサービスを創り出す活動」のみとする考え方と「既存製品・サービスの改良・改善」も含まれるとの考え方の2つがある。後者の考え方に立てば，本来のシュンペーターが定義したイノベーションを「非連続的イノベーション」，既存製品やサービスの改良や改善を「連続的イノベーション」として区別できる。

- 現代の経営に求められるのは，トレードオフの関係にあるイノベーションと技術の進歩を並行して行う「両利きの経営」である。

- 両利きの経営は，米ハーバード大学教授のマイケル・タッシュマン（Tushman, M. L.）や米スタンフォード大学教授のチャールズ・オライリー（O'Reily, C. A.）などが提唱した考え方で，「成熟した企業が自社の資産やスキルなどを活用して競争力を失いつつある既存事業を継続する一方で，新規事業も立ち上げて上手に成長させるためのやり方」を指す。

- 企業が既存事業を継続するためには，一定分野の知を継続して深めること（「深化」）が重要であり，また，新規事業を立ち上げて上手に成長させるためには，さまざまな知の組み合わせに必要な知の範囲を広げること（「探索」）が望まれる。企業は目先の収益を上げるために，効率よく収益を上げられる深化に傾注しがちになり，収益に結びつくか不確実な探索を怠りがちになる傾向が組織の本質として備わっている。両利きの経営は，そうした組織の本質を見越して，会社として成長を続けるために何をどうすべきかを示している。

- イノベーションには，プロダクト・イノベーションやプロセス・イノベーションに始まり，破壊的イノベーションやオープン・イノベーション，バ

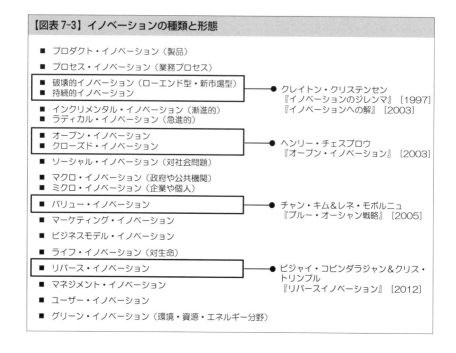

【図表7-3】イノベーションの種類と形態

- ■ プロダクト・イノベーション（製品）
- ■ プロセス・イノベーション（業務プロセス）
- ■ 破壊的イノベーション（ローエンド型・新市場型）
- ■ 持続的イノベーション
  - ● クレイトン・クリステンセン
    『イノベーションのジレンマ』［1997］
    『イノベーションへの解』［2003］
- ■ インクリメンタル・イノベーション（漸進的）
- ■ ラディカル・イノベーション（急進的）
- ■ オープン・イノベーション
- ■ クローズド・イノベーション
  - ● ヘンリー・チェスブロウ
    『オープン・イノベーション』［2003］
- ■ ソーシャル・イノベーション（対社会問題）
- ■ マクロ・イノベーション（政府や公共機関）
- ■ ミクロ・イノベーション（企業や個人）
- ■ バリュー・イノベーション
  - ● チャン・キム&レネ・モボルニュ
    『ブルー・オーシャン戦略』［2005］
- ■ マーケティング・イノベーション
- ■ ビジネスモデル・イノベーション
- ■ ライフ・イノベーション（対生命）
- ■ リバース・イノベーション
  - ● ビジャイ・コビンダラジャン&クリス・
    トリンブル
    『リバースイノベーション』［2012］
- ■ マネジメント・イノベーション
- ■ ユーザー・イノベーション
- ■ グリーン・イノベーション（環境・資源・エネルギー分野）

リュー・イノベーションなどさまざまな種類や形態がある（図表7-3）。

2. イノベーションのマネジメント

- ●イノベーションはどのようなきっかけにより生み出されるのか。イノベーションの引き金となるのは，大別して「技術機会」と「市場機会」の2つである（図表7-4）。
- ●技術機会によるイノベーションの誘因とは，科学的な発見や技術の進歩により新たな可能性が見い出され，それを新製品化もしくは新サービス化することにより，イノベーションが生じるという「テクノロジー・プッシュ（技術圧力型）」の考え方である。技術的限界を突破したいという技術者の探求心や技術面での可能性を追求する好奇心などが原動力となる。
- ●市場機会によるイノベーションの誘因とは，市場のニーズもしくは何らかの変化が新しい製品やサービスの誕生を促すという「マーケット・プル

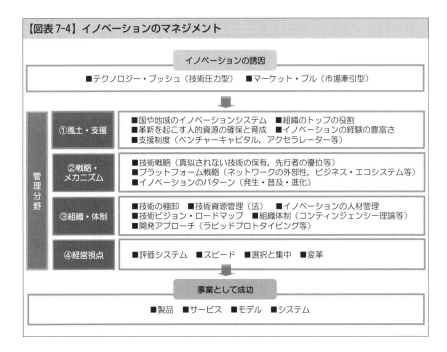

【図表7-4】イノベーションのマネジメント

イノベーションの誘因

■テクノロジー・プッシュ（技術圧力型）　■マーケット・プル（市場牽引型）

管理分野	①風土・支援	■国や地域のイノベーションシステム　■組織のトップの役割 ■革新を起こす人的資源の確保と育成　■イノベーションの経験の豊富さ ■支援制度（ベンチャーキャピタル，アクセラレーター等）
	②戦略・メカニズム	■技術戦略（真似されない技術の保有，先行者の優位等） ■プラットフォーム戦略（ネットワークの外部性，ビジネス・エコシステム等） ■イノベーションのパターン（発生・普及・進化）
	③組織・体制	■技術の棚卸　■技術資源管理（法）　■イノベーションの人材管理 ■技術ビジョン・ロードマップ　■組織体制（コンティンジェンシー理論等） ■開発アプローチ（ラピッドプロトタイピング等）
	④経営視点	■評価システム　■スピード　■選択と集中　■変革

事業として成功

■製品　■サービス　■モデル　■システム

（市場牽引型）」の考え方である。人口構成や所得水準の変化など市場における何らかの変化が新製品や新サービス開発を促すきっかけとなる。

●イノベーションは技術機会や市場機会のどちらか一方だけで起こるわけではない。新たな製品やサービスを生み出すためには，技術機会と市場機会の両方が必要不可欠で，2つの機会が相互に影響し合うことで，新しい可能性が見えてくるのであり，テクノロジー・プッシュとマーケット・プルのどちらか一方だけというケースは極めて少ない。

●技術機会でしばしば問題視されるのが，「NIH（Not Invented Here）症候群」で，自分のところで取り組んだり開発したりした技術でないと，有用な技術として認めず採用しないという閉鎖的な考え方により起こる問題である。こうした自前主義は，時間を無駄にしたり余計なコストがかかったりするだけでなく，自社技術が完成しても先行企業はさらに開発が進むため，技術の後追いとなる可能性が高い。

- イノベーションの生成過程で考慮すべき要因として，①風土・支援，②戦略・メカニズム，③組織・体制，④経営視点の4つの管理分野を挙げることができる（図表7-4）。
- 風土・支援（①）では，大企業かスタートアップ（新興企業）かという企業規模により，管理方法が異なる。たとえば，財務的に優位にある大企業はイノベーションに必要な資金を自前で調達できるが，資金に乏しいスタートアップは自前での調達が困難であるため，ベンチャーキャピタルなどによる資金援助が必要となる（図表7-4）。
- 戦略・メカニズム（②）では，技術戦略やプラットフォーム戦略などの構築が重要となる。たとえば，プラットフォーム戦略では，新たな製品を開発して部材調達，製造，流通を行う過程で，ビジネス・エコシステムをどのように構築して，機能性や効率性，信頼性を高めるかが大切なポイントとなる（図表7-4）。
- 組織・体制（③）では，戦略的な技術資源管理や人材管理などが求められる。たとえば，技術資源管理では，自社の核となり競争力の高い「コア・テクノロジー」を保有して，そうした技術資源の管理を戦略的にどのように行うかが焦点となる（図表7-4）。
- 経営視点（④）では，評価システムや「選択と集中」戦略の構築が必要とされる。たとえば，選択と集中では，経営資源をどのように配分するか，特に新たなアイディアが企業内で生まれたとき，リスクを負って必要な資金や人材をどの程度配分するかを決定しなければならない（図表7-4）。

3. イノベーションの普及I

- イノベーションは普及してこそイノベーションであり，普及しなければ，それは単なる「発明（invention）」や思いつきに過ぎない。普及をイノベーションの一部として捉え，イノベーションの普及には2つの事象が含まれることを示唆したのは，ロジャーズ（E. M. Rogers）である（図表7-5）。
- ロジャーズが示した事象のひとつは，新たに創出された革新的な製品やサービスを購入する主体，すなわち，個人や組織といった消費者が増えるという意味での普及であり，需要サイドにおける「浸透」としての普及を意

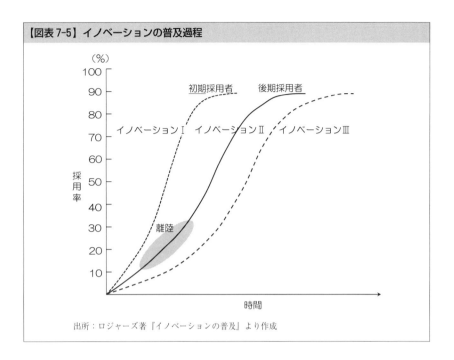

【図表7-5】イノベーションの普及過程

（％）

初期採用者　　後期採用者

イノベーションⅠ　イノベーションⅡ　イノベーションⅢ

採用率

離陸

時間

出所：ロジャーズ著『イノベーションの普及』より作成

味する。

● もうひとつの事象は、そのような製品やサービスを提供する主体、つまり、競合企業が増えるという意味での普及であり、供給サイドにおける「模倣」や「流出」としての普及を意味する。浸透としての普及は、まさにイノベーションの成功や失敗を決定づけ、また、模倣や流出としての普及は、イノベーションから生み出されるマージンの配分を決定付けるものである。

● イノベーションが普及していく過程では、イノベーションは社会システムの構成員、すなわち、消費者やサプライヤーなどの間で経時的に伝達されていく。そのためイノベーションが普及する過程においては、消費者やサプライヤーなどの社会構成員による伝達が重要な要素となる。このようなイノベーションの普及は、伝達というコミュニケーション過程を通して、社会変動を引き起こす力を持っている。

● ロジャーズはイノベーションが普及する到達点として、社会変動に着目し

た。そもそも社会変動，すなわち社会構造が変動する過程には，3つの連続した段階が存在する。新しいアイディアが創造され開発される過程，すなわち「発明」の段階，新しいアイディアが社会システムの社会構成員に伝達される過程，すなわち「普及」，さらには，イノベーションの採用または拒否の結果として社会システム内で生じた変動，すなわち「結果」の段階の3つである。

- 社会変動を引き起こす力を持つイノベーションの普及過程において，社会構成員間における伝達が果たす役割は大きいが，ロジャーズは「普及率16％の論理」を提唱して，「アーリーアダプター（Early Adopters：初期採用者）」による伝達が普及に大きな役割を果たすという意味で極めて重要であることを明らかにした。
- イノベーションが普及する過程において新しい製品やサービスは，最初は時間をかけながら立ち上がり，次々と採用されていくことで普及が加速し，やがて成熟し飽和へと向かうことから，S字型の曲線を辿る。これは，PLC（プロダクト・ライフ・サイクル）と同様の軌跡を示すものであるが，こうしたきれいなS字型の曲線を辿るのは，あくまでも理念的な過程に過ぎず，実際の普及過程はもっと複雑であり多様な形態をとる。

4. イノベーションの普及 II

- イノベーションの普及は，「イノベーター（Innovators：革新者）」と呼ばれる革新的なものを受け入れる少数の買い手から始まる。イノベーターは最も革新的ではあるが，少数であるうえに感性や価値観が社会の平均からかけ離れ過ぎているため，全体に対する影響力はあまり大きくない（図表7-6）。
- このイノベーターに続いて製品を受け入れるのが，アーリーアダプターである。イノベーターが製品の新しさそのものを重視するのに対し，アーリーアダプターは製品が買い手に与える新たなる価値に注目するため，他の買い手に対する影響力が大きい。そのため，アーリーアダプターはこの新たなる製品価値を自らのネットワークを通じて他の買い手に伝達していく（図表7-6）。

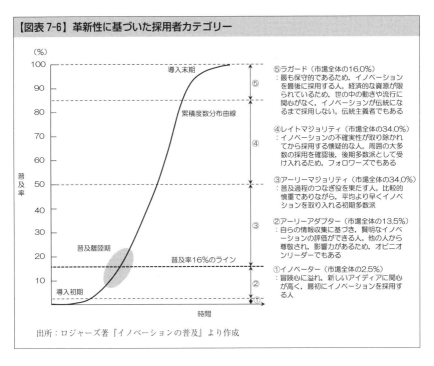

【図表7-6】革新性に基づいた採用者カテゴリー

(%)
100
90
80
70
60
50
40
30
20
10

普及率

導入末期
累積度数分布曲線
普及離陸期
普及率16%のライン
導入初期

時間

⑤ラガード（市場全体の16.0%）
：最も保守的であるため、イノベーション
を最後に採用する人。経済的な資源が限
られているため、世の中の動きや流行に
関心がなく、イノベーションが伝統になる
まで採用しない。伝統主義者でもある

④レイトマジョリティ（市場全体の34.0%）
：イノベーションの不確実性が取り除かれ
てから採用する懐疑的な人。周囲の大多
数の採用を確認後、後期多数派として受
け入れるため、フォロワーズでもある

③アーリーマジョリティ（市場全体の34.0%）
：普及過程のつなぎ役を果たす人。比較的
慎重でありながら、平均より早くイノベー
ションを取り入れる初期多数派

②アーリーアダプター（市場全体の13.5%）
：自らの情報収集に基づき、賢明なイノ
ベーションの評価ができる人。他の人から
尊敬され、影響力があるため、オピニオ
ンリーダーでもある

①イノベーター（市場全体の2.5%）
：冒険心に溢れ、新しいアイディアに関心
が高く、最初にイノベーションを採用す
る人

出所：ロジャーズ著『イノベーションの普及』より作成

- イノベーションの普及は，こうしたイノベーターやアーリーアダプターを合わせた層に普及した段階，すなわち普及率が16%を超えた段階で急激に普及し拡大する。そのためこの層は，「オピニオンリーダー」，「インフルエンサー」，「マーケットメーカー」とも言われ，この層まで普及するか否かが，次の普及段階である「アーリーマジョリティ（Early Majority：初期多数派）」や「レイトマジョリティ（Late Majority：後期多数派）」に広がるかどうかの分岐点になるという意味で重要な意味を持つ（図表7-6）。
- この「普及率16%の論理」に対し，ハイテク産業の分析から，アーリーアダプターとアーリーマジョリティとの間には容易には超えられない大きな「キャズム（chasm：深い溝）」が存在することを示したのが，ジェフリー・ムーア（Moore, G. A.）である。
- ムーアは自らが展開するキャズム理論の中で，このキャズムという深い溝を超えることができなければ，普及に失敗し市場からの撤退を余儀なくさ

れることから，アーリーアダプターに加えアーリーマジョリティをも捉えるマーケティングを展開することが重要であると説いている。

● たとえば，タブレット市場を見てみると，タブレットが名実ともに普及したのは 2010 年以降であるが，その歴史は意外と古い。1990 年代のタブレット PC 構想から始まり，2000 年代前半には，マイクロソフトがスタイラス機能を搭載した「Windows XP Tablet PC Edition」を発売した。これを契機に東芝や富士通といったメーカー各社がこの機能を搭載したタブレット PC を製造し発売する。さらに，2000 年代後半にはレノボやデル，HP（ヒューレットパッカード）などが，タッチパネル機能を搭載した機種により新たに参入したが，販売価格がノート PC よりも高かったことや，アプリやデジタルコンテンツを供給するプラットフォームが構築されていなかったことなどから，キャズムを超えることはできなかった。

● しかし，2010 年にアップルが iPad を新たに発売したことにより，低価格に加え豊富なアプリやデジタルコンテンツの供給といった新たなる価値を顧客にもたらしたことで，タブレット市場が注目されタブレットの普及が進んでいく。さらに，アップルに追随して，グーグル（「ネクサス 7」）やマイクロソフト（「サーフェス」），サムスン（「ギャラクシータブ」）といった競合企業が，タブレット市場のマージン獲得を目指して市場に次々と参入したため，供給サイドの普及も進んでいった。このように，iPad の発売が普及の契機となりキャズム突破に大きく寄与したことがうかがえる。

5. イノベーターのジレンマとは

● 画期的な製品やサービスを開発し普及を成し遂げた優良なる大企業（優良企業）は，業界をリードするうえで，恒常的に顧客の意見に耳を傾けニーズを探り，そのニーズに応じた製品を増産し改良するために新技術への積極的な投資を怠らないが，ある種の市場の変化に直面すると，その地位を守ることに失敗し市場における競争優位を失うという。これが，クレイトン・クリステンセン（Christensen, C.）の説いた「イノベーターのジレンマ（innovator's dilemma）」である。

● クリステンセンは，画期的で非連続的なイノベーションを「破壊的イノベ

ーション」，製品やサービスの改良や改善といった漸進的で連続的なイノベーションを「持続的イノベーション」と称してイノベーションを2つに大別し，イノベーターのジレンマの根幹となっているのが，優良企業やスタートアップが市場でとるポジショニングの裏付けとなる「モチベーションの非対称性」にあると主張した。

- 市場をリードする優良企業は必然的に収益率の高い主流市場を選ぶため，当然ながら持続的技術の開発を選択する。なぜなら，優良企業は主流市場の最も収益性の高い顧客を最も魅力的な顧客であると位置付けるからであり，顧客もまたそうした持続的技術を利用した製品を求めるからである。

- このように，優良企業は主流市場のメイン顧客に照準を合わせ，彼らが評価してきた性能に従い持続的技術に投資する。持続的技術の多くは製品の性能を高めるものである。裏返せば優良企業は，価格，マーケットサイズ，主流市場における顧客ニーズの面から，破壊的技術への積極的な投資は合理的でないと判断し，必然的に収益性の低いローエンド製品やサービスを切り捨てることになる。

- このような優良企業による主流市場での持続的技術に対峙して，新興企業は破壊的技術を用いて従来の製品より低機能かつ安い価格で，それほど要求が厳しくない顧客や新しい顧客の獲得を狙うことを目的として，既存のローエンド市場や新市場に現れる。なぜなら，新興企業は主流市場において知識や経験の蓄積がないことから，主流市場に入り込むのが極めて難しいからである。

- 新興企業はこうした知識や経験といった連続的な蓄積がないおかげで，逆に非連続的なイノベーションを起こしやすくもなる。このような優良企業と新興企業とが持つモチベーションの非対称性こそが，それぞれ持続的イノベーションと破壊的イノベーションへと向かわせる大きな要因となっている。

- イノベーターのジレンマに対処する方法として，クリステンセンは，主流市場のメイン顧客に照準を合わせる組織とは別に独立した自律的な組織を新たに作り，そのための経営資源を確保するといった体制を整えることが必要であると説いている。

6. オープン・イノベーションとは

- 従来，企業は自社の経営資源を活用して，自前主義で技術や製品を開発することが，企業に高収益をもたらすと考えられてきた。しかし，技術や市場が急速に変化するソフトウェアやハードウェアなどの業界では，こうした自前主義の考え方が必ずしも収益の最大化につながるとは限らない。製品のライフサイクルの短命化やコモディティ化により，企業内に閉じたイノベーションの開発には限界があることから，組織の枠を超えて，外部からも積極的にアイディアや技術などを募って，革新的なビジネスモデルや新たなる価値を創造することが重要である。このような考えを主張し，自身の理論として「オープン・イノベーション」を提唱したのが，ヘンリー・チェスブロウ（Chesbrough, H.）である。

- オープン・イノベーションは，企業内部と外部のアイディアや技術を有機的に結合させて，新たなる価値を生み出すことであるため，オープン・イノベーションの根本的な前提は，役に立つ知識が広く分散している点にある。従来に比べより分散的なイノベーション環境において，社外にも目を向けるとの視点が必要とされる（図表7-7）。

- オープン・イノベーションはどの産業にも適用できるのか。この点についてチェスブロウは，先行研究から，オープン・イノベーションが特に適しているのは，イノベーションが，価値の創造や獲得において重要な役割を果たすハイテク産業であることを示唆している。このことは，オープン・イノベーションの理論を適用できる範囲を指し示すものであるが，オープン・イノベーションというパラダイムの限界を示唆するものでもある。

- チェスブロウは，従来のイノベーションモデルを「クローズド・イノベーション」と称し，これと対峙する形でオープン・イノベーションの新たなる解釈や視点を提示している。

- クローズド・イノベーションでは，社外の知識は重要であるものの，それはあくまでも補完的な役割を果たすものとして捉えていたが，オープン・イノベーションでは，社外の知識は，従来の理論で社内の知識に与えられていたものと同等の役割を果たすものであると捉えている。

- クローズド・イノベーションでは，自社のアイディアや技術の流出を認め

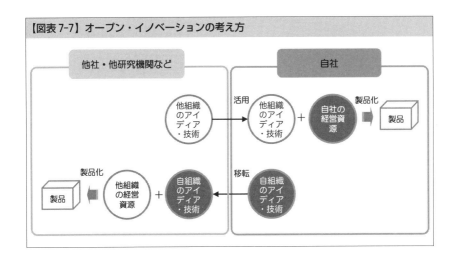

【図表7-7】オープン・イノベーションの考え方

なかったのに対し，オープン・イノベーションではこれらの流出を認める
ことで，社内では市場に辿り着くための明確な方向性が見えていないアイ
ディアや技術にも製品化やサービス化を追求するチャンスを与えることが
できると共に，アイディアや技術を他社に利用させることで自社の収益に
結び付けるという「ライセンス・ビジネス」としても適用できることにな
る。

第8章　グローバル戦略のマネジメント

【事例紹介】世界6極体制でグローバル展開するホンダの「需要地生産と収益性」両立の経営

　本田技研工業株式会社（ホンダ）は，日本の自動車メーカーの中で，いち早くグローバル化（☛本章：111頁）に着手し世界展開を果たすことに成功した。二輪事業では新興国を開拓し，四輪事業では北米市場で現地生産を始めて，グローバル化の先頭を走ってきた。

　ホンダのグローバル化の神髄は，創業者である本田宗一郎氏の「需要のあるところで生産する」との考えにある。この考えの下に，日本，中国，アジア・オセアニア，欧州，北米，南米の世界6極体制を構築し，現地に権限を積極的に委譲して事業運営を展開している。

　グローバル市場で競合するフォルクスワーゲンやトヨタといった市場支配力の高い巨大企業と肩を並べて，競争優位（☛第4章：46頁・第6章）を持続するためには，収益力の向上が必要不可欠である。ホンダは，シビックやアコードといった規模の経済（☛本章：112頁）が効き利益率の高い「グローバル戦略車」を量産販売して収益性を高めている［グローバル組織］（☛本章：119頁）。

　一方で，新規市場開拓のためには，それぞれの地域に顧客ニーズに合った専用モデルも必要となることから，地域進出に適合した「地域戦略車」も投入している。このように，ホンダは，グローバル戦略車の量産で収益性を高める一方で，地域戦略車の投入で差別化（☛第6章：83頁）を図りローカル市場を開拓するという両建ての戦略を推進している。

　こうした両建ての戦略は，新興国でホンダブランドの認知度を高め，世界6極の自立を促進させたという点で一定の効果を出すことができたが，さらに，ホンダは6極それぞれがより自立性を高めた経営を展開できるようにするために，日常のオペレーションにおいて各極の海外子会社に権限と責任を委譲した

[マルチナショナル組織]（☛本章：120頁）。

　しかし，権限と責任を各極に委譲したとしても，不確実性についてもそれぞれの地域に押し付けることはできないことから，こうした課題を解決するために，「グローバル相互補完」の手法を取り入れた。相互補完は，「生産補完」に止まらず，顧客ニーズや嗜好が類似する地域で商品を融通し合うという「商品補完」も含まれる。たとえば，ブラジル市場向けに開発した車WR-Vをインドでも生産し販売するといったケースである。

　こうしたグローバル相互補完の取り組みにより，各極の生産能力を有効に活用したり，開発リソースを効率化したりすることが可能となる。そのためにホンダは，グローバル市場での競争力強化に各極の**経営資源**（☛第1章：5頁・第5章：63頁・第6章：87頁）を投入できる余裕のある環境作りに尽力している。グローバルな視座で**全体最適**（☛第4章：49頁）のために何が重要なのかといった議論をグローバルレベルで常に行っているのである。

　このように，ホンダの強みは権限と責任を各極に委譲することで，オペレーションや生産・販売だけでなく開発まで行って現地に根付いた経営を展開する仕組みと，グローバルレベルで全体最適な議論を行うことができる点にある。グローバル企業として競争力を保つためには，異文化が混じり合ってさまざまな取り組みに挑戦することで新しいやり方が生まれるとの視点が重要なのである。

　ホンダには，「買って喜び，売って喜び，造って喜ぶ」という意味の「3つの喜び」という基本理念がある。この3つの喜びに加え，「人間尊重」という考え方をホンダは大切にしてきたが，これらの理念や考え方は日本国内に止まるものではない。「グローバルに人材ありき」の**マネジメント**（☛第2章：17頁・第3章：31頁）を大切にして，3つの喜びをいかに現地の社員にも感じてもらえるかが重要なのである。

　すでにホンダはグローバル市場で，二輪車1,700万台，自動車500万台，パワープロダクツ600万台と合計で2,800万台の供給を達成している。自動車業界では一般的に，利益率が高いのは，年間1,000万台規模を販売するトヨタやフォルクスワーゲンと，200万台規模を販売するベンツやBMWといったプレミアムブランドであり，生産規模でその中間に位置する500万台規模の会社は

利益率が低いと言われている。いわゆるスマイルカーブの考え方である。今後，自動化や電動化など自動車の未来を見据えた開発競争が激化する中で，AIなど新分野の技術に投資して回収するために一定の規模を確保することは，グローバル経営に求められる重要な課題となる。

　ホンダはこれまで，**グローバル戦略**（☛**本章：111頁**）として，二輪車で市場を開拓して市場動向を把握したうえで，四輪事業に進出していくという手法をとっていた。今後は，より積極的に二輪事業，四輪事業，エンジンを使った発電機などのパワープロダクツ事業をグローバルレベルで上手にコラボレーションして，**相乗効果**（☛**第4章：54頁**）を出していく意向である。

1. 国際戦略（グローバル戦略）とは

- ●現代では，企業の国際化（グローバル化）は当たり前になっている。国際化にはさまざまな利点が存在することから，企業は，市場探索や資源探索，効率性探索などを目的として海外に進出する。企業には，競合企業との競争に打ち勝つために競争力の高い製品化やサービス化が求められるが，そのためには，国内に止まらず世界にも視野を広げて，広範囲に技術やノウハウを活用することが要求される。最も安い材料や部品，労働力，最先端の技術や効率性の高い生産システム，オペレーションのノウハウなど，企業は国際間の取引を行うことで，コストリーダーシップや差別化の戦略性を高めることができる。

- ●企業の国際化では，複数の国や地域で事業展開する際に生じる困難性，たとえば，現地化をどの程度まで行うかなどの問題が想定されることから，国内市場とは異質で複雑な要素を加味した全社戦略（国際経営戦略）や事業戦略（国際事業戦略）が求められる（図表8-1）。

- ●それでは，企業はいかにして国際化を図るべきか。言い換えると，持続的な競争優位を構築するために，企業はいかなる「国際戦略」を策定して実行すべきか。ここで言う国際戦略とは，企業が自社の経営資源やケイパビリティを複数の国にまたがって活用し，それを通じて生み出した製品やサービスを国内以外の市場へ販売するための戦略を意味する。

- ●バーニーは国際戦略を多角化戦略の一種であると位置付けたうえで，国際

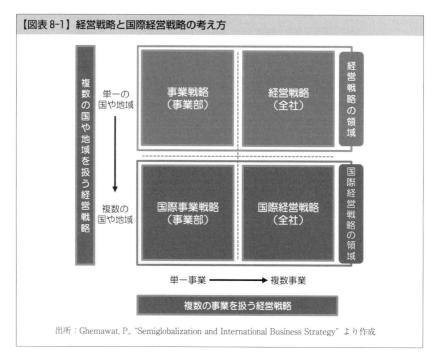

【図表 8-1】 経営戦略と国際経営戦略の考え方

複数の国や地域を扱う経営戦略

単一の国や地域

複数の国や地域

事業戦略（事業部）

経営戦略（全社）

経営戦略の領域

国際事業戦略（事業部）

国際経営戦略（全社）

国際経営戦略の領域

単一事業 ⟶ 複数事業

複数の事業を扱う経営戦略

出所：Ghemawat, P., "Semiglobalization and International Business Strategy" より作成

戦略が競争優位の源泉になりうると論じている。複数の国々で事業を展開している企業は，国際戦略を実行していることになる。

●企業が地理的に事業を多角化して国際戦略を用いる経済価値として，①範囲の経済，②規模の経済，③国や市場の異質性などから生まれる「効率性」や「リスクヘッジ」，「学習効果」などがある（図表8-2）。

●範囲の経済（①）では，複数の市場や商品，事業者間で投資コストなどをシェアするという効率性のメリットに加え，多角化によるリスク分散，異なる市場や製品での学習をシェアできるというメリットなどが得られる。

●規模の経済（②）では，大量生産や大量販売による効率性のメリットや学習効果の享受に加え，複数の国に進出することで拡大化を図りながら拠点を分散できるというリスク上のメリットが得られる。

●国や市場の異質性（③）では，労働賃金など国毎の要素コストの差を利用できるという効率性のメリットに加え，複数の国にまたがり，政治リスク

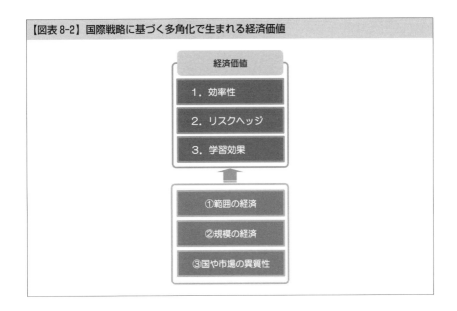

【図表 8-2】 国際戦略に基づく多角化で生まれる経済価値

経済価値

1. 効率性

2. リスクヘッジ

3. 学習効果

①範囲の経済

②規模の経済

③国や市場の異質性

や経済リスクをヘッジできるメリット，さらには，複数国における生産や投資，消費の経験を蓄積することで生まれる研究や開発面などにおける学習効果が期待できる。

2. 企業の国際参入形態

● 企業の国際参入形態としては，①輸出，②ライセンシング（使用許諾契約），③戦略的提携，④買収，⑤新設完全子会社などがある。複数の海外市場で競争する多国籍企業は，通常これらの参入形態のうちいずれかを選択して市場参入を果たすが，すべての形態を用いて参入する場合もある（図表 8-3）。

● 輸出（①）は，企業が国内で生産した製品を海外市場に配送する参入形態で，企業の多くはこの形態を最初に選択する。製品を輸出するには，「自国の輸出代行業者を通じて輸出する」，「現地の委託販売業者を通じて輸出する」，「社内で輸出担当者もしくは輸出担当部門を決めて輸出する」の3つの方法がある。最初の2つは「間接輸出」，残りは「直接輸出」と呼ば

【図表 8-3】国際参入形態のメリットとデメリット

項目	メリット	デメリット
①輸出	● 参入を決めた受入国に拠点を設ける費用負担を回避できる	● 現地の市場に関する情報は輸出する企業にとって蓄積されにくい
②ライセンシング（使用許諾契約）	● ライセンシーが受入国で設備投資を行うことから，ライセンサーの費用負担が少ない	● ライセンシーに対するコントロールが難しくなり，技術流出などの恐れがある
③戦略的提携	● 得意分野を生かした研究開発や共同での業務推進により，企業の競争力を高められる	● パートナー企業間で衝突が生じることで企業間の信頼関係が崩れる恐れがある
④買収	● 新しい市場へのアクセスが迅速に行える	● 買収に関わる費用負担に加え，異なる国の社会的文化や慣習への対応も必要
⑤新設完全子会社	● 自社製品の技術や販売，流通において，最大限のコントロールを維持できる	● 異なる環境の違いから，設立プロセスが複雑になり，潜在的なコスト負担が必要となる

れる。

● 輸出を行うことで，企業は参入を決めた受入国に拠点を設ける費用負担を回避できる。一方，間接輸出では受入国の委託販売業者と輸出する製品の販売や流通に関する契約を締結することから，製品を海外市場へ輸送するコストに加え，その際にかかる関税を負担しなければならない。また，現地の市場に関する情報は輸出する企業にとって蓄積されにくい（図表8-3）。

● ライセンシング（②）は，製品の受入国において，ある企業の製品を製造販売する権利（ライセンス）を受入国の企業が購入することを認める契約を締結する参入形態である。通常，ライセンスを与える企業である「ライセンサー（ライセンス供与者：特許権者）」は，ライセンスを与えられる企業である「ライセンシー（ライセンス使用権取得者）」から，製造販売された数量に応じて「ロイヤリティ（特許使用料）」の支払いを受け取ることができる。

● 契約内容に基づき，ライセンシーが受入国で製品の製造や販売，流通を目的とした設備への投資を行うことから，ライセンシングは，国際参入形態の中で最も費用負担の少ない多角化と言える。

- ライセンシングは自社が持つ特許や商標，技術ノウハウなどへのアクセスをライセンシーに認めることになるため，ライセンシーに対するコントロールが難しくなり，技術流出などの恐れがある。たとえば，受入国の企業がライセンシングにより製品技術を学び取り，ライセンシング失効後に，その製品と同じかもしくは優れた製品を開発し販売することがある（図表8-3）。
- 戦略的提携（③）は，複数の企業が対等の立場で共同事業を推進することで，戦略的提携に参加する企業（パートナー企業）は，国際市場への参入に必要な資源とリスクを共有する。パートナー企業が，それぞれの得意分野を生かして研究開発を行えることや共同で業務が進められることから，企業の競争力を高めることが可能となる。
- 戦略的提携では，パートナー企業が共同で研究開発や作業にあたることから，パートナー企業間での信頼関係を構築することが重要となるが，パートナー企業間で衝突が生じることで戦略的提携が失敗に終わる場合もある（図表8-3）。
- 買収（④）とは，ある会社が他の会社の発行済株式を過半数取得して経営権を握ることであり，買収される会社に同意がある「友好的買収」と同意がない「敵対的買収」とに分けられる。国際市場に参入するための企業買収は「クロスボーダー企業買収」と呼ばれ，国内の企業が国外の企業に一部出資するかもしくは発行済株式を過半数取得して経営権を握ることで参入する形態をとる。
- クロスボーダー企業買収の利点は，新しい市場へのアクセスが迅速に行えることで，近年における自由貿易市場の急速な拡大に伴うクロスボーダー企業買収の増加要因のひとつになっている。5つの国際参入形態の中では，買収が国際市場に最も早く参入する方法である。
- クロスボーダー企業買収には，発行済み株式を取得するための費用だけでなく，買収を完了するための追加的な費用もかかることが多い。また，クロスボーダー企業買収は，国内における企業買収の交渉より複雑なものになる。なぜなら，企業文化の違いだけでなく，異なる国の社会的文化や慣習にも対応しなければならないからである（図表8-3）。

- 新設完全子会社（⑤）は，「グリーンフィールド・ベンチャー」と呼ばれ，海外市場で企業が自前で一から完全子会社を立ち上げ保有する形態である。グリーンフィールド・ベンチャーは，受入国の法規制や慣習など異なる環境の違いから，設立プロセスが相対的に複雑になり，それに伴う潜在的なコスト負担が必要となる。たとえば，新しい市場に関する知識や専門能力を入手するために，企業は高い費用をかけて，現地の専門化やコンサルタントなどの人材を確保しなければならない（図表8-3）。
- グリーンフィールド・ベンチャーでの最も大きな利点は，自社製品の技術や販売，流通において，最大限のコントロールを維持することが可能となることである。

3. 組織の海外進出プロセス

- 企業は海外進出にあたり，多国籍化（地域），多角化（事業），多様化（製品），多機能化（職能）といった多国籍企業としての複合的な役割を果たさなければならない。それには組織形態の変化が伴う。ストップフォード（Stopford, J. N.）とウェルズ（Wells, L. T.）は，企業の海外進出に伴い，組織形態がどのように変化していくかといった問題意識に基づき，米国の多国籍企業に関する体系的な分析を行った。
- ストップフォードとウェルズは，海外進出企業の組織形態が4つのフェーズで進化することを実証した。まず，海外子会社が自立すると（フェーズ1），やがて組織統合が始まり，国際事業部が設置されることで国際経営を担うようになる（フェーズ2）。この段階では，海外販売の割合も製品多角化も低位の状態にある。その後，組織形態は，海外向け製品数をあまり増やさずに売上高を伸ばしていく場合と，海外向け製品数を増やしながら売上高を徐々に伸ばしていく場合の2つに分かれて進化していく（フェーズ3）。前者は地域事業部が主導して地域別事業部制をとり，後者は製品事業部が主導して国際製品別事業部制をとる。いずれにしてもこのフェーズでは，世界的な視点に基づく戦略計画の下で海外事業組織が社内の他の組織と密接に連携することになる。最終的に，海外向け製品数が多くなり売上高が大ききなった段階で，企業は「グローバル・マトリクス」に達す

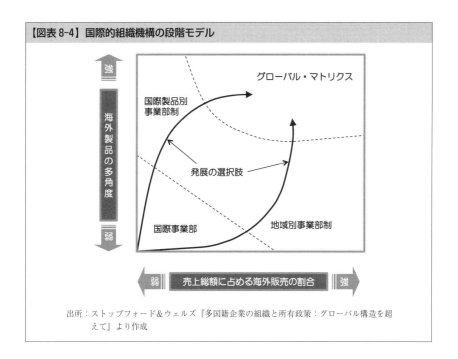

【図表 8-4】国際的組織機構の段階モデル

グローバル・マトリクス

国際製品別
事業部制

発展の選択肢

国際事業部　　　　　　　　　地域別事業部制

海外製品の多角度　強／弱

弱　売上総額に占める海外販売の割合　強

出所：ストップフォード＆ウェルズ『多国籍企業の組織と所有政策：グローバル構造を超
　　　えて』より作成

ることになる（フェーズ 4）（図表 8-4）。

●ストップフォードとウェルズのモデルでは，製品多角化を追求する企業は
国際製品別事業部制を，また，狭い製品ラインナップの中で海外の売上を
追求する企業は地域別事業部制をそれぞれ採用して拡大していくが，この
パターンに即して事業部を採用しない企業は，利益が低い傾向にあること
を明らかにした。

●ストップフォードとウェルズのモデルでは，二元的な方向性だけで問題を
解決しようとするため，多国籍企業において海外進出する国や地域が多く
なってくると，国毎に現地の環境や条件が異なることから，複数ある各国
の拠点をどのようにマネジメントするかといった視点が欠如してしまうこ
とになる。

4. グローバル市場環境の特性

● グローバル市場環境は，その捉え方次第で企業戦略を左右する。たとえば，グローバル市場環境を同一の市場と捉えれば，企業は自社の製品を「標準化」して各国に共通の製品を供給するであろうし，国毎に異なる個別市場と捉えれば，各国に合わせ製品を「現地化」して供給することになる。コカ・コーラやマクドナルドは世界共通の商品としてすでにブランド化されており，標準化の代表的な例である。また，石鹸や洗剤などのトイレタリー商品は国毎に使用環境が異なるため，仕様からパッケージに至るまで現地化するのが望ましいとされている。

● 企業が標準化と現地化のどちらの戦略をとるかは，製品開発，材料調達，経営資源配分，権限移譲などあらゆる面に影響が出てくることから，標準化による効率性と現地化による柔軟性の両方を追求することは難しくなる。つまり，両者はトレードオフの関係にあり，標準化による製品供給を目指すのであれば，製造拠点をどこか1箇所に設けて大規模生産による規模の経済を追求して各国へ輸出するのが効率的であるし，現地化による製品供給を目指すなら，国毎に適した製品を現地で集中的に製造するのもひとつの方策となる。

● プラハラードとドーズ（Y. L. Doz）は，「I-R フレームワーク（Integration Responsiveness Framework：統合−適合フレームワーク）」を提唱して，グローバル市場環境において企業が最適な戦略や組織体制を検討するための方法論を論じた。I-R フレームワークは「グローバル統合（I：Integration）への圧力」と「ローカル適合（R：Responsiveness）への圧力」の2軸で構成され，多国籍企業には，進出する複数の国の間で共通化を追求しようとする圧力と，国毎の特性に適合しようとする圧力の相反する2つの圧力が働く（図表8-5）。

● I-R フレームワークでは，これら2つの圧力の強弱を元にして市場の特性を分類し，戦略の類型化を図ったうえで，各戦略に即した組織の基本設計を行うことを狙いとしている。具体的には，I-R フレームワーク上に各産業や同一産業における各企業，同一企業における各機能などをプロットすることで，産業間や企業間，機能間などのI-R 上のポジショニングの違い

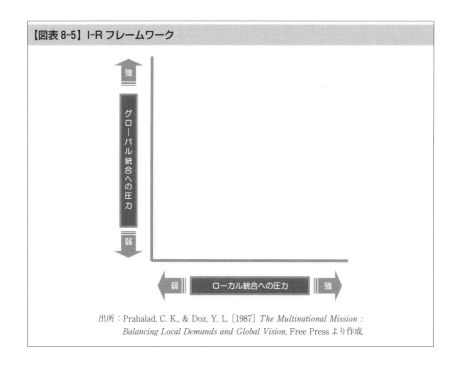

【図表8-5】I-R フレームワーク

グローバル統合への圧力

強

弱

ローカル統合への圧力

弱　　　　強

出所：Prahalad, C. K., & Doz, Y. L. [1987] *The Multinational Mission : Balancing Local Demands and Global Vision*, Free Press より作成

を分析し，戦略検討の考え方を示すことが可能となる。

5. 海外進出企業の戦略

●バートレット（Bartlett, C. A.）とゴシャール（Ghoshal, S.）は，海外にある複数の拠点をどのようにマネジメントするかといった観点から，米国，欧州，日本の多国籍企業の戦略や組織形態を分析し，①グローバル組織，②マルチナショナル組織，③インターナショナル組織，④トランスナショナル組織の４つのモデル類型を示した（図表8-6）。

●グローバル組織（①）は，グローバル統合への圧力に対応する組織で，世界を同一の市場と見なし，各国に標準化した共通の製品を供給することで規模の経済を実現し，効率性を高める事業運営を目指す。経営資源や能力の多くを本国に集中させ，その成果をグローバルレベルで活用することから，国毎の市場ニーズへの対応や現地からの学習面では不利になる。日本

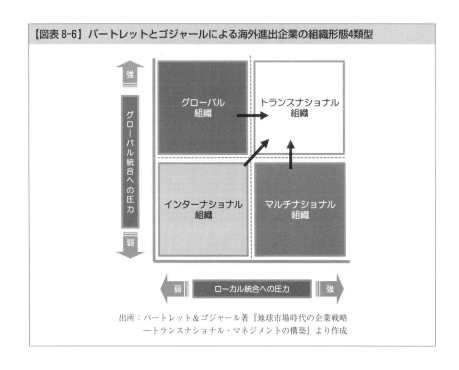

【図表 8-6】バートレットとゴジャールによる海外進出企業の組織形態4類型

強
弱
グローバル統合への圧力

グローバル組織

トランスナショナル組織

インターナショナル組織

マルチナショナル組織

弱　ローカル統合への圧力　強

出所：バートレット＆ゴジャール著『地球市場時代の企業戦略
―トランスナショナル・マネジメントの構築』より作成

企業に多く見られる形態である。この領域に位置付けられる産業群は，競争がグローバルレベルで行われていることが一般的であり，寡占化が進んでいる場合が多く，造船や飛行機，化学，製薬，鉄鋼などの産業群が該当する（図表8-7）。

●マルチナショナル組織（②）は，ローカル適合への圧力に対応する組織で，進出国毎に権限を移譲し経営資源を分散して，現地のニーズを満たす製品を開発することで，柔軟性を追求した事業運営を行う。経営資源や能力は進出国の子会社に分散され，各国の拠点は自立している。国毎の市場ニーズへの対応には適しているが，グローバル統合による効率性の追求や各国拠点間の学習には不利になる。欧州の企業に多く見られる形態である。この領域に位置付けられる産業群は，国毎に顧客ニーズに合わせた製品やサービスが求められることから，食料品や飲料などが該当する（図表8-7）。

●インターナショナル組織（③）は，グローバル統合への圧力もローカル適

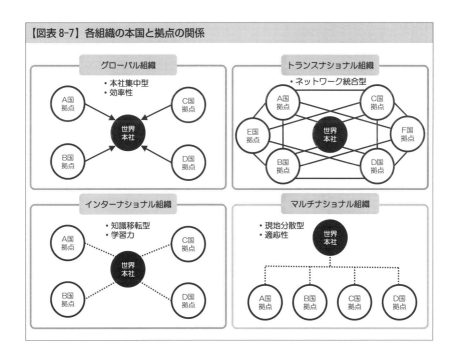

【図表 8-7】各組織の本国と拠点の関係

グローバル組織
・本社集中型
・効率性
A国拠点 C国拠点 世界本社 B国拠点 D国拠点

トランスナショナル組織
・ネットワーク統合型
A国拠点 C国拠点 E国拠点 世界本社 F国拠点 B国拠点 D国拠点

インターナショナル組織
・知識移転型
・学習力
A国拠点 C国拠点 世界本社 B国拠点 D国拠点

マルチナショナル組織
・現地分散型
・適応性
世界本社
A国拠点 B国拠点 C国拠点 D国拠点

合への圧力も低い領域に位置することから，コアとなる経営資源や能力を本国に集中させる一方で，その他を進出国の子会社に分散させる体制をとる。進出国の子会社は，親会社の経営資源や能力を現地に適応させて活用することが求められるが，グローバル組織よりも効率性は低く，マルチナショナル組織よりも現地適応力は低くなる。米国企業に多く見られる形態である。この領域に位置付けられる産業群は，グローバルレベルで展開する大規模事業者に限られ，国や地域間で消費者の趣向に大きな差が見られないことから，土木や自動車修理業などが該当する（図表8-7）。

●トランスナショナル組織（④）は，グローバル統合への圧力もローカル適合への圧力も高い領域に位置することから，グローバル統合とローカル適合の両方において強みを持っている組織形態である。経営資源や能力を進出国毎に分散することにより，各国の拠点は専門化され，相互依存的で統合も高いレベルにある。それゆえ，各国の拠点は現地に適応しつつも，現

地で得た知識や学習をグローバルレベルで共有することが可能となる（図表8-7）。

●トランスナショナル組織は，グローバル統合と進出国毎への適応の両方を求められるという厳しい環境下にあることから，グローバルレベルで通用する製品を作ることに加え，国毎の顧客ニーズに即した事業展開を求められることになる。この領域に位置付けられる産業群はハイテク機器が代表的であり，近年では自動運転を目指す自動車もこの領域に入り込もうとしており，世界的な競争が最も激しい産業群であると言える（図表8-7）。

6. 海外子会社の役割

●従来の伝統的な多国籍企業論に従えば，海外子会社は本国拠点の意思決定の下で活動し，その自由度は制限されるものであった。しかし，多国籍企業が広範囲に事業を展開し，企業が抱える海外子会社の数が多くなった現代においては，海外子会社の役割は以前にも増して重要になった。海外子会社の役割をどのように捉えるかといった観点から，海外子会社の役割を明確に示したのが，バートレットとゴジャールである。

●バートレットとゴジャールは，海外子会社の能力やリソースの度合いと，現地環境の戦略的重要性の2つの指標により，海外子会社の役割を，①戦略的リーダー（strategic leader），②実行者（implementer），③貢献者（contributor），④ブラックホール（black hole）の4つに類型化した（図表8-8）。

●戦略的リーダー（①）は，進出国や地域に潜在的なポテンシャルがあり，それに対する経営資源や能力が十分に備わっている海外子会社を意味する。4つの類型の中では最も理想的な状況にあり，事業機会を着実に捉えることが企業に求められる（図表8-8）。

●実行者（②）は，戦略的リーダーと対峙する状況にあり，潜在的なポテンシャルのない進出国や地域において，現地のオペレーションに必要な最低限の経営資源や能力のみを保有している海外子会社を指す（図表8-8）。

●貢献者（③）は，潜在的なポテンシャルのない進出国や地域でありながら，経営資源や能力を十分に兼ね備えている海外子会社である（図表8-8）。

●ブラックホール（④）は，進出国や地域に潜在的なポテンシャルがあるに

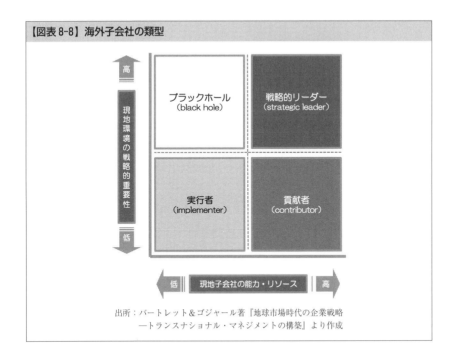

【図表8-8】海外子会社の類型

現地環境の戦略的重要性 高 / 低

- ブラックホール（black hole）
- 戦略的リーダー（strategic leader）
- 実行者（implementer）
- 貢献者（contributor）

低 現地子会社の能力・リソース 高

出所：バートレット＆ゴジャール著『地球市場時代の企業戦略
―トランスナショナル・マネジメントの構築』より作成

もかかわらず，それに対する経営資源や能力が十分に備わっていない海外子会社である。機会損失の面から，企業はこうした状況に陥ることを避けなければならない（図表8-8）。

●進出国や地域の国際的な成長機会が拡大するにつれて，本国主導でその成長機会を捉え続けることは難しくなることから，海外子会社は，自律的に自らの役割を探していくことが求められる。そうした意味で，海外子会社自身による役割決定は重要であり，現地での知識や経験知を蓄積させながら，タイムリーに成長機会を捉えることが求められる。

第 9 章　マーケティング論

【事例紹介】価格に見合う価値を消費者に浸透させた良品計画のブランド戦略

　株式会社良品計画（良品計画）は，装飾や過度なデザインを排し上質で手頃な商品を製造販売し，対象市場を日本のみならず海外に拡大して，無印良品（MUJI）の**ブランド**（☞本章：139頁）をグローバルレベルで浸透させてきた。世界で通用する商品という自負を持ち，同じ地域内での既存店舗が黒字転換しなければ新規出店を見合わせるとの方針で，比較的ゆっくりとした進出ペースを維持してきた。1980年の無印良品（MUJI）の立ち上げ以来2020年までの40年間で，日本を含め世界で1,029店舗（海外30ヶ国550店舗・国内479店舗）の出店を果たしている。

　良品計画の**パーパス**（存在意義）（☞第2章：18頁）は，無印良品の探求と具現化により，世界中の人々の暮らしに役立てることである。そのため，事業や規模の拡大を図るよりも，コンセプトの実現に重きを置いてきた。その延長線上で，商品と提供価値を強みとする無印良品には，日本以外にも需要があるとの手応えを感じていた。しかし，会社の仕組みや業務運営が十分に確立しておらず，経験豊富な社員も不足していたことから，海外市場への進出は進まなかった。

　実際，ロンドンと香港にそれぞれ1号店を出店したのは，無印良品の立ち上げから10年以上を経過した1991年であった。その他の欧州の都市への進出は1998年になってからであり，中国へは2005年に，また，米国には2007年とそれぞれ1号店の出店を果たしたのは2000年代の後半になってからである。

　海外に需要が見込めれば，企業は早期に出店攻勢に出るのが一般的であるが，良品計画は，比較的ゆっくりとした進出ペースを維持してきた。それには，店舗網拡大以前に進出先の国と小売り環境を理解したうえで，過剰な宣伝は行わず口コミで評判を確立したいとの狙いがあった。

こうして，2000 年代中頃までに海外事業は順調に成長していくことになる。従来，出店地は無印良品を買ってもらえそうな人が多く集まる都市部のショッピングエリアや大学周辺，もしくはインターネット販売が好調な地域が中心であったが，米国市場への進出にはこうした基準が必ずしも当てはまらなかった。なぜなら，米国の各市場はすでに成熟しており，人件費に加え賃料や建設費が高いため，大型店を出店して思い通りに好きなだけ商品を揃えたり，**価格（☞本章：134 頁）**を落としたりすることができなかったからである。そのため，それぞれの地域に見合った商品を店舗に取り揃えることが重要となり，店舗毎に最適な商品を選りすぐるといった方策がとられた。また，店舗に置く商品はアジアを中心に製造していることから，米国の各店舗には海を越えての輸送が必要となる。米国内での製造も大きな課題であった。

　米国の 1 号店には，最先端の空気が漂う若者の街として集客力が見込めるニューヨークのソーホーが選ばれた。マンハッタン市場の反応を見極めたうえで，周辺地域にさらに 5 店を出店し，カリフォルニア州でもテストマーケティングを行いながら，サンタモニカ，サンノゼ，ハリウッド，パロアルト，さらには，ボストンへと着実に店舗を広げていった。

　他方，グローバルレベルでの市場拡大に伴い，品質管理も大きな課題であった。この点，良品計画では共通の**ビジョン（☞第 2 章：19 頁）**や業務の統一化が図られており，店内に一歩足を踏み入れた瞬間から商品を購入し使用するまでの「ブランド体験」を世界のどこであろうと同じものにするとの方針が徹底されている。

　そのための取り組みとして，これまで，店舗デザインやレイアウト，商品管理の基準を定める部署を設置し，店舗スタッフ用の研修内容を統一し，現地採用の店長を数名選んで東京本社に呼び寄せ指導してきた。また，**物流（☞本章：135 頁）**，会計，商品管理を合理化して同じデータを共有化する体制も整えている。良品計画が製造販売している商品は 7,000 点を超えるが，特定の国や地域向けの**カスタマイズ（☞本章：133 頁）**や調整などは行っていない。こうした共通のビジョンや業務の統一化は中国から始まったものであるが，現在はグローバルレベルで拡大している。

　海外での事業拡大とともに経済不況が続く脆弱な国内でも良品計画が好調で

あり続けたのは，無印良品には価格に見合う価値があると常に**消費者**（☛本章：136頁）に認識されてきたからである。規模の拡大よりも無印良品の探求と具現化を優先することで，世界中の人々の暮らしに役立つことに専心してきた。上質で手頃で**持続可能性**（☛第2章：25頁）が高いデザインという良品計画の世界観を，グローバルレベルで展開していく活動はこれからも続く。

1. STPマーケティングとは

- コトラー（F. Kotler）は，マーケティングを「個人や団体が製品や価値を生み出し，他人と交換することによって，自らのニーズや欲求を満たすものを手に入れる手段である」と定義し，その最も重要な概念を，人間のニーズであるとしている。

- 従来，企業は消費者に対してひとつの製品を大量に生産し販売していた。たとえば，コカ・コーラは，すべての消費者にアピールすることを目指して，市場全体を対象にして1種類の飲料だけを生産し販売していた。このようなマーケティングは「マス・マーケティング」と呼ばれ，そのメリットはひとつの製品を大量生産することによりコストと価格を最低限に抑え，最大の潜在市場を創造できることにある。

- しかし，時代が変遷するに従い，ひとつの製品だけでは消費者のニーズに応えられなくなる。企業は，特徴やスタイル，品質，サイズなどが異なる2種類以上の製品を生産するようになる。つまり，市場をいくつかのセグメントに分けて，特定のセグメントにいる消費者に多様な製品を提供するようになる。実際，コカ・コーラは後にサイズとパッケージが異なる数種類の飲料を生産し，こうした「製品多様化マーケティング」を実践することで，さまざまに変化する消費者の嗜好に対応することに成功したのである。

- さらに，消費者の嗜好が多様化してくると，企業は市場全体を細分化（セグメンテーション：Segmentation）したうえで，標的市場を設定し（ターゲティング：Targeting），その市場のニーズに適合するように製品を位置付ける（ポジショニング：Positioning）ようになる。これが「STPマーケティング」であり，効果的に市場を開拓するためのマーケティング手法で

【図表9-1】市場細分化の変数

項目	内容
地理的変数	・世界の地域や国（北米，中米，南米，欧州，アジア，アフリカ，オセアニア等） ・都市または都市部（人口単位）　　・行政府の規模（予算規模別） ・人口密度（都市圏，郊外，地方）　・気候（北部，南部）　　等
人口動態変数	・年齢　・性別（男性，女性）　・家族の人数 ・家族のライフサイクル（若い独身者，年配の既婚者で子供あり等） ・収入　・職業　・学歴 ・宗教（カトリック，プロテスタント，イスラム教等） ・人種（白人，アジア人，ヒスパニック等）　・国籍　等
心理的変数	・社会階層（最下層，下層の上，中流階級，労働者階級，上流階級等） ・ライフスタイル（社会的地位の獲得者，中流生活者，生活困窮者） ・性格（衝動的，社交的，権威主義的，野心的）　　等
行動上の変数	・使用機会（日常的機会，特別な機会） ・ベネフィット（品質，サービス，経済性，便宜性，迅速性） ・使用者のタイプ（非ユーザー，元ユーザー，潜在的ユーザー，初回ユーザー等） ・使用頻度（ライトユーザー，ミドルユーザー，ヘビーユーザー） ・ロイヤルティ（なし，中くらい，強い，絶対的） ・購買準備段階（意識せず，意識あり，情報あり，関心あり，購入希望あり等） ・製品に対する態度（熱狂的，肯定的，無関心，否定的，敵対的）　　等

出所：コトラー＆アームストロング著『コトラーのマーケティング入門　第4版』より作成

ある。コカ・コーラは現在，砂糖入り，ダイエット，デカフェ，非コーラなど，それぞれのセグメントに対応した飲料を生産し，STPマーケティングを実践している。

●市場細分化とは，市場を構成する消費者の何らかの共通点に着目して，同じニーズを持つセグメントに分類することであり，消費者間の異質性を考慮する一方で，同一のセグメントにいる消費者は同質であるとの考えの下に成り立つものである。

●市場を細分化するための変数としては，「地理的変数」や「人口動態変数」，「心理的変数」，「行動上の変数」などがある。企業は，これらの細分化変数を単独もしくは組み合わせて試すことで，市場構造を見るうえで最も良い方法を見極める必要がある（図表9-1）。

●標的市場の設定，すなわち，「ターゲティング」は，市場細分化による複数のセグメントの中で，どこを標的にするかを決めることである。コトラ

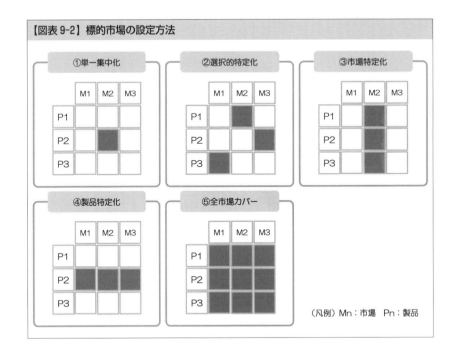

【図表9-2】標的市場の設定方法

①単一集中化

	M1	M2	M3
P1			
P2		■	
P3			

②選択的特定化

	M1	M2	M3
P1		■	
P2			■
P3	■		

③市場特定化

	M1	M2	M3
P1		■	
P2		■	
P3		■	

④製品特定化

	M1	M2	M3
P1			
P2	■	■	■
P3			

⑤全市場カバー

	M1	M2	M3
P1	■	■	■
P2	■	■	■
P3	■	■	■

（凡例）Mn：市場　Pn：製品

ーは，さまざまな市場セグメントを評価する際に，企業は，①セグメントの規模と成長性（売上，成長率など），②セグメントの構造的な魅力（収益性の点で魅力か否か：競合企業の存在，買い手や売り手の交渉力など），③企業の目的と経営資源の３つの指標を見なければならないと説いている。

●コトラーはターゲティングの方法として，①単一集中化（あえて狭い市場を選択し強固な地位を築くことで強みを発揮することを狙う），②選択的特定化（収益が期待できる市場を選択して標的とし事業のリスク分散を狙う），③市場特定化（自社が特定の顧客から高い忠誠心を得ている場合にその特定の顧客に対して複数の製品を販売することを狙う），④製品特定化（自社の特定の製品の需要が大きい場合に複数の顧客に対してその製品を販売することを狙う），⑤全市場カバー（すべての顧客に複数の製品を販売する方法で経営資源の大きな会社のみが行える）の５つを示している（図表9-2）。

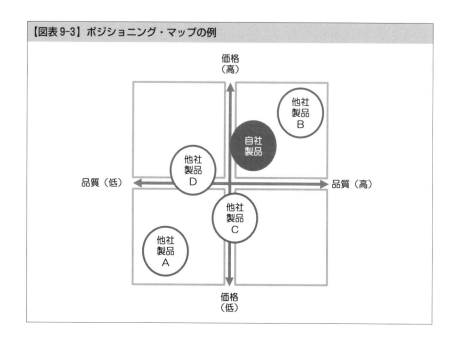

【図表9-3】ポジショニング・マップの例

価格
（高）

他社
製品
B

自社
製品

他社
製品
D

品質（低）　　　　　　　　　　　　　　　品質（高）

他社
製品
C

他社
製品
A

価格
（低）

- 企業は，市場のどのセグメントに参入するかを決めたら，そのセグメント
  でどんなポジションを占めたいのか（ポジショニング）を決定する必要が
  ある。すなわち，消費者は，自社の製品の重要な属性についてどのような
  定義付けをしているか，その製品が競合企業の製品と比較して，消費者の
  意識のどのあたりにあるかを決定するのである。
- 消費者は製品やサービスの購入時に毎回製品やサービスを再評価するわけ
  ではなく，購買プロセスを単純化するために，消費者はそれらを分類する。
  つまり，製品やサービス，企業を心の中でポジショニングするのである。
  ポジショニングは，消費者が自社製品を競合製品と比較した際に持つ知覚
  や印象，感覚が複雑に組み合わさったものであることから，企業は，自社
  製品が最も有利になるようなポジショニング計画を立てるとともに，計画
  通りのポジションを獲得するためのマーケティング・ミックスを設計しな
  くてはならない。
- ポジショニングは，「ポジショニング・マップ」を作成することで自社製

品が競合企業のいかなる製品と競合しているかが明確になる。ポジショニング・マップは，消費者が製品やサービスに対して期待するニーズや特徴を二軸で設定し，この二軸で構成される4つの象限に自社製品と競合企業の製品とを配置したものである（図表9-3）。

2. マーケティング・ミックスとは

- STPマーケティングの実行により競争力のあるマーケティング戦略の全体像が決まると，企業は「マーケティング・ミックス」の細部の計画に着手することになる。マーケティング・ミックスとは，マーケティング戦略の目標を達成するために利用されるコントロール可能な要素を組み合わせることで，需要サイドに影響を与えるために企業が実行できることのすべてである。

- マッカーシー（McCarthy, J.）は，「マーケティングの4P」として，①製品（Product），②価格（Price），③流通（Place），④広告・販売促進（Promotion）の4つ活動を示した。マーケティング・ミックスとは，これら4つの活動の組み合わせであり，企業は4Pを適切に組み合わせて全体としての整合性を図り，一貫性のある効果的な販売戦略を作り上げる必要がある（図表9-4）。

- マーケティング・ミックスの決定に際しては，マーケティング・ミックスが標的顧客にとって魅力的であり，競合企業に対して優位性があり，自社として継続して実行が可能であるといった点が重要なポイントになる（図表9-4）。

- 製品（①）とは，企業が標的市場に提供する財とサービスの組み合せであり，品質や機能，デザイン，種類，ブランド，保証，返品などが考慮されるべき要素となる

- 価格（②）とは，製品を手に入れるために顧客が支払う金額であり，標準価格や割引，アローワンス，支払期限，信用取引条件などが考慮されるべき要素となる。

- 流通（③）とは，標的顧客に製品を供給する活動であり，販売方法や販売場所，流通範囲，立地，輸送方法，在庫管理，品揃えなどが考慮されるべ

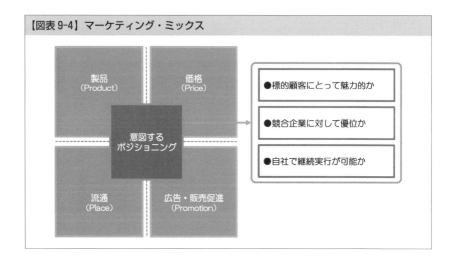

【図表9-4】マーケティング・ミックス

製品
(Product)

価格
(Price)

意図する
ポジショニング

流通
(Place)

広告・販売促進
(Promotion)

●標的顧客にとって魅力的か

●競合企業に対して優位か

●自社で継続実行が可能か

き要素となる。

● 広告・販売促進（④）とは，製品の長所を伝え，標的顧客に製品を購入するよう説得する活動であり，広告の方法や販促の方法などが考慮されるべき要素となる。

3. 製品と価格設定

● 製品は，興味や所有，使用，消費といった目的で市場に提供され，欲求やニーズを満たすことができるすべてのものが該当する。製品は，①製品の中核，②製品の実態，③製品の付随機能の3つのレベルに分けて考えることができる（図表9-5）。

● 製品の中核（①）は，製品の最も基本的なレベルであり，消費者が製品を買う際に求める問題解決というベネフィットで成り立っている。つまり，消費者が本当に買っているベネフィットまたはサービスこそが，製品の中核となる（図表9-5）。

● 製品の実態（②）は，製品の中核を基に製品の形態を作り上げていくための特性で，品質やデザイン，ブランド，パッケージを指す（図表9-5）。

● 製品の付随機能（③）は，消費者に付加的なサービスやベネフィットを提

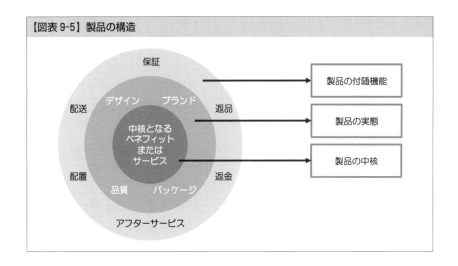

【図表 9-5】製品の構造

供することで，具体的には，保証やアフターサービス，配送，取り付け，返品，返金を指す（図表9-5）。

- 企業は，まず，製品が満足させる中核となる消費者ニーズを見極める必要がある。そのうえで，製品の実態を設計し付随機能を付けることで，消費者を最も満足させることができるベネフィットの組み合わせを作り出さなければならない。消費者は，こうしたベネフィットが複雑に結びついた束として製品を捉えたうえで購入の意思決定を行い，自身のニーズを満足させるのである。

- 製品は，使用する消費者のタイプにより，①消費財，②生産財の2種類に大別される。また，使用期間により，住居や家電製品などのように長期間にわたって使用する「耐久財」と食料品や文房具などのように短期間で消費する「非耐久財」の2つに分けることもできる。

- カスタマイズとは，顧客の嗜好や使い勝手に合わせて，デザインなどの見た目や機能，構成といった製品の仕様を変更することを指す。

- 消費財（①）とは，最終消費者が個人消費のために購入する製品を指す。消費財は個々の消費者の購買力が小さく，地理的に分散していることから，販促活動や流通網の構築が必要となる。

- 生産財（②）とは，消費者が購入後さらに加工を加えたり，事業に使用する目的で購入されたりする製品を指す。消費財と生産財の違いは購入の目的にある。たとえば，ある消費者が自宅で使用するために冷蔵庫を購入したら，それは消費財であり，同じ消費者が飲食店を開くために購入したら，それは生産財となる。
- コトラーによれば，価格とは「製品やサービスに対して課された金額，あるいは製品やサービスの所有や利用から得られるベネフィットと交換に消費者が支払う価値の総称」である。
- 価格は，購買者の選択に影響を与える主要な要因である。マーケティング・ミックスの中では，他の要素がコストであるのと対峙して，価格は収益を生み出す唯一の要素である。また，迅速に変更ができるという点で，最も柔軟性のある要素でもある。
- 価格設定が購買者に受け入れられなかったり，利益を生み出せなかったりするなど，価格設定の操作が上手くいかないケースは多々ある。この問題にはさまざまな要因が考えられるが，よくある誤りとしては，コストの積み上げのみで価格を決めるなど価格設定がコスト志向になり過ぎていることや，市場の変化に対応した価格変更ができていないこと，マーケティング・ミックスのその他の構成要素を考慮していないこと，競合企業が設定した価格に依存し過ぎていることなどが挙げられる。
- 価格設定では，低すぎると利益が出なくなるし，高すぎると需要を生み出せなくなることから，両者のいずれかの値で価格は収まることになる。この点について，コトラーは「生産コストが価格の最低限を決め，製品価値に対する消費者の知覚が上限を決める。企業は競合他社の価格やその他の内的および外的要因を考慮し，この両極の間で最適価格を見いださなければならない」としている（図表9-6）。
- 商品の企画や開発，生産，販売には，「プロダクトアウト」と「マーケットイン」の2つのアプローチがある。プロダクトアウトは，商品企画から販売までを行ううえで企業が提供者側の発想で活動し，作り手としての論理や計画を優先させる方法を指す。一方，マーケットインは，顧客の意見や視点を重視し顧客ニーズを優先して商品を企画・開発し顧客が必要とす

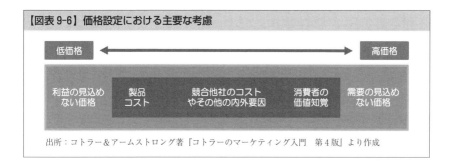

【図表9-6】価格設定における主要な考慮

| 低価格 | ←――――――――――→ | 高価格 |

| 利益の見込めない価格 | 製品コスト | 競合他社のコストやその他の内外要因 | 消費者の価値知覚 | 需要の見込めない価格 |

出所：コトラー＆アームストロング著『コトラーのマーケティング入門　第4版』より作成

るものを提供していく手法をとる。

4. 流通チャネル

- 流通とは，標的消費者に製品を供給する企業活動である。すなわち，生産者が製品を生産し，販売者などを通じて最終的に消費者に製品を届けるまでの一連の流れである。流通は，①商流と，②物流の2つに大別できる。
- 商流（①）は，企業と消費者もしくは企業同士の間で行われる取引の流れである。取引では，多くの場合お金の移動が発生し，取引や決算をしなければ，商品の所有権は移転しない。商流で発生する取引は，受注，発注，出荷，在庫，保管，販売管理などである。
- 物流（②）は，製品を必要な場所へ必要な量だけ運ぶ仕組みで，製品が運ばれていく流れを指す。物流の機能には，「物流5大機能」と言われる輸送，保管，荷役，包装，流通加工の他に，物流情報処理などがある。
- 経営管理の視点から，物流という活動を支えるのが「ロジスティクス」である。ロジスティクスの狙いは，消費者のニーズを満たすために，物流のすべての機能をコントロールして，効率性を高めることにある。ロジスティクスは企業単体で社内の物流の効率化を目指すものであるが，近年では，その範囲を取引先企業全体に広げて，ひとつの企業グループ全体の効率化を一元管理する「サプライチェーン・マネジメント（Supply Chain Management：SCM）」に取り組む企業が増えている。
- 生産者の多くは，市場に製品を投入するために卸売業者に販売業務の一部

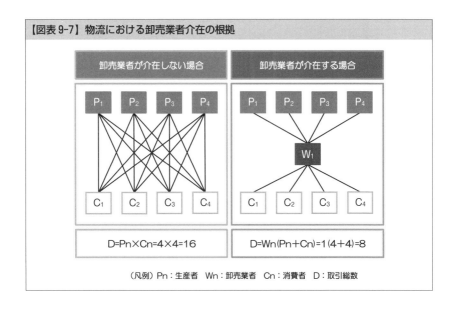

【図表9-7】 物流における卸売業者介在の根拠

卸売業者が介在しない場合	卸売業者が介在する場合
P_1 P_2 P_3 P_4 C_1 C_2 C_3 C_4	P_1 P_2 P_3 P_4 W_1 C_1 C_2 C_3 C_4
$D=Pn \times Cn=4 \times 4=16$	$D=Wn(Pn+Cn)=1(4+4)=8$

（凡例）Pn：生産者　Wn：卸売業者　Cn：消費者　D：取引総数

を委託することで「流通チャネル」を構築する。流通チャネルとは，製品が生産者から消費者に流通する経路を指す。生産者が卸売業者を使うのは，卸売業者が介在することで生産者が単独で取引する場合より取引相手を減らすことができるからである。これは，ホール（Hall, M.）が「取引数単純化の原理」として提唱した考え方である（図表9-7）。

5. 消費者行動モデル

- 消費者の購買行動とは，個人消費用に製品やサービスを購入する個人や家庭，すなわち最終消費者の購買行動を指す。最終消費者をすべて合わせた集合体が，「消費者市場」である。
- 消費者市場には，年齢，所得，教育レベル，思考などの点で異なる消費者が多数存在する。消費者市場では，こうした多種多様な消費者が，毎日多くの購買決定を行っているが，実際に消費者行動に影響を及ぼす要因とは何か。消費者の購買は，文化的，社会的，個人的，心理的な特性に強く影響される。中でも文化的要因は，消費者の行動に最も広範かつ深い影響を

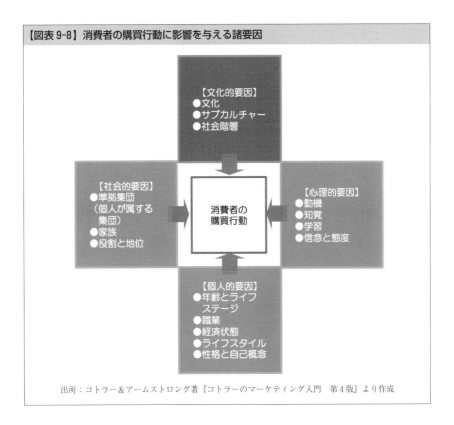

【図表9-8】消費者の購買行動に影響を与える諸要因

【文化的要因】
●文化
●サブカルチャー
●社会階層

【社会的要因】
●準拠集団
（個人が属する
集団）
●家族
●役割と地位

消費者の
購買行動

【心理的要因】
●動機
●知覚
●学習
●信念と態度

【個人的要因】
●年齢とライフ
ステージ
●職業
●経済状態
●ライフスタイル
●性格と自己概念

出所：コトラー＆アームストロング著『コトラーのマーケティング入門 第4版』より作成

与える（図表9-8）。

●消費者はどのようにして製品やサービスの購入を決定するのか。購買者の
意思決定プロセスは，①ニーズや問題の認識，②情報探索，③選択肢の評
価，④購買決定，⑤購買後行動の5つの段階により成り立っている。基本
的に購買者は，この5つの段階をすべて通過するが，実際には，衝動買い
やリピーターの購入に見られるように，プロセスの一部を省略したり逆行
したりする（図表9-9）。

●購買者の意思決定プロセスは，購買者がニーズや問題を認識（①）すると
ころから始まる。食欲など人としての欲求に始まり在庫切れなどの諸問題
に至るまで日常生活の中で知覚する必要事項や問題認識などである。

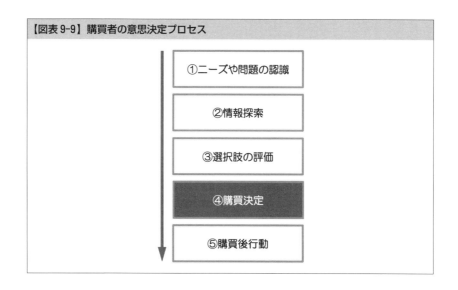

【図表9-9】購買者の意思決定プロセス

- ①ニーズや問題の認識
- ②情報探索
- ③選択肢の評価
- ④購買決定
- ⑤購買後行動

●ニーズや問題を認識すると，購買者はニーズに関する情報の探索（②）を始める。情報源はマスメディアやインターネット（ネット）の情報サイト，口コミなどさまざまである。特にネットでは，生産者や販売者による製品情報だけでなく，購買者によるレビュー（カスタマーレビュー）などの経験的な情報も得られる。情報探索は，購買意欲が強く満足できる製品が手近にあれば省略されることもある。

●情報探索の結果から選択肢が抽出されると，選択肢の評価（③）が行われる。評価は，「製品属性」の重要度や「ブランド・イメージ」，経験知などにより判断される。ここで言う製品属性とは，製品やサービスの機能や品質などを指し，ブランド・イメージとは，購買者が特定のブランドに対して持っている信念を意味する。

●購買者は評価の段階で，選択肢を格付けし「購買意図」を形成する。購買意図は，必ずしも購買決定（④）と同じになるとは限らない。両者の間には，他人の態度や予想外の状況の2つの要因が存在する。たとえば，購買者の購買意図がEクラスのメルセデスのような高級車であったとしても，妻が経済的なCクラスにすべきだと考えていれば，購買者が高級車を購

入する確率は下がるし，購買者が失業したり他に優先的に購入したりすべき買い物が出てきた場合には，購入意図が変更する可能性もある。

- 購入後，購買者はその製品やサービスに満足するか不満を抱いて，購買後行動（⑤）をとる。満足か不満足かを決定する決め手は，「購買者の期待」と「購買者の知覚した製品パフォーマンス」との関係にある。期待以上であれば購買者は満足してその製品やサービスへのロイヤルティ（忠誠心や愛着心）が高まり，期待以下であれば不満足となり，他社製品や新製品が再考されることになる。

6. ブランディング

- ブランドと言えば，高級品や特定の商品であると連想されがちであるが，マーケティングの本来の意味とは異なる。「ブランド」とは，売り手の製品やサービスを識別させ，競合企業の製品やサービスと区別するための名称や言葉，記号，シンボル，デザイン，あるいはこれらの組み合わせであり，購買者に対して特定の特徴やベネフィット，サービスを継続して提供するという売り手の約束の印でもある。

- ブランドの価値は「超過収益力」として表される。たとえば，自社製品が他社製品と機能や性能面などで同一である場合，他社よりも高い値段で売れれば，それはブランドの信用力に基づく価値となる。その際，他社との値段の差額が超過収益力となる。

- ブランドの機能には，①出所表示機能（製造者や販売者を識別できる機能），②品質表示機能（製品の品質や性能などを判断できる機能），③宣伝広告機能（製造者や販売者のイメージを高めることができる機能），④資産価値（ブランドが価値を持つ資産となる：ブランド・エクイティ）機能の４つがある。ブランド・エクイティが高いと，ブランド・ロイヤルティやブランド認知，知覚品質が高まり，他方でブランド連想や特許，商標登録，流通関係といった資産も高くなることから，競合企業に対して優位となる。

- ブランドの種類には，主に，①ナショナル・ブランド（National Brand：NB，メーカー・ブランド），②プライベート・ブランド（Private Brand：

PB）などがある。

- ●ナショナル・ブランド（①）は，製造業者が製造する製品に使用するブランドであり，例として，キューピー（マヨネーズ）やユニクロ（衣料）などがある。

- ●プライベート・ブランド（②）は，小売業者や卸売業者が企画して独自のブランドで販売する商品に使用するブランドであり，例としては，セブンプレミアム（セブン＆アイ・ホールディングス）やトップバリュ（イオングループ）などがある。

- ●ブランドを構築するための戦略には，①ライン拡張，②ブランド拡張，③マルチブランド，④新ブランドの４つがある（図表9-10）。

- ●ライン拡張（①）は，すでに成功したブランド名を利用して，既存の製品カテゴリー内で同じブランド名の下に，新しい形や色，パッケージの大きさなどの追加品目を導入することで，競合企業ブランドのシェアを奪うための戦略である。低コスト・低リスクで生産ラインを広げることができ，多様化する消費者ニーズに応えたり，余剰生産能力を活用したり，小売業者にさらなる棚スペースを要求したりすることができるなどのメリットがある。他方，自社の他の製品とのカニバライゼーション（共食い）や，過度の拡張がブランド・イメージを弱めるなどのデメリットがある。

- ●ブランド拡張（②）は，すでに成功したブランド名を新しいカテゴリーに属する新製品や改良製品の発売に使用して新規顧客の獲得を狙う戦略である。すでに評判の良いブランド名を使うことで，新しい製品カテゴリーに入り込むのが比較的容易で，新製品が直ぐに認知され早く受け入れてもらえることや，通常では新しいブランド名を浸透させるのに要する高い広告宣伝費などのマーケティングコストを節約できるといったメリットがある。他方，ブランド拡張が失敗した場合，同じブランド名を持つ他の製品に対しても消費者が良い印象を持てなくなる恐れが生じることや，過度にブランド名を拡張して使用すると，消費者にとってブランド名が特別な存在でなくなる可能性があることなどのデメリットがある。

- ●マルチブランド（③）は，同じ製品カテゴリー内に新たなブランドを追加して，同一カテゴリー内に２つ以上のブランドを展開して，売上のさらな

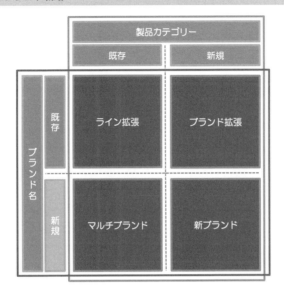

【図表9-10】ブランド戦略

		製品カテゴリー	
		既存	新規
ブランド名	既存	ライン拡張	ブランド拡張
	新規	マルチブランド	新ブランド

出所：コトラー＆アームストロング著『コトラーのマーケティング入門　第4版』より作成

る向上を目指す戦略である。既存ブランドとは違う特徴を確立して異なる購入動機に訴求できることや，自社の主要ブランドが競合企業の攻撃を受けた場合，それに対処できるような対抗ブランド（フランカー・ブランド）を立てて主要ブランドを守ることができるなどのメリットがある。たとえば，セイコーは，ラサール（高価格帯の腕時計）とパルサー（低価格帯の腕時計）をフランカー・ブランドとして使い分けることにより，主力のセイコー・ブランドを守っている。他方，各ブランドが小粒化することで僅かなシェアしか獲得できず，いずれのブランドも収益を生み出せなくなるなどのデメリットがある。

●新ブランド（④）は，新しいカテゴリーに新たなブランドを開発して，潜在需要の獲得などを狙う戦略である。新しい製品カテゴリーへの参入にあたり，自社の既存ブランドがいずれも適切でない場合に採用する戦略である。既存ブランドのイメージに縛られずに新市場を開拓できるといったメ

リットがある反面，マルチブランドと同様に新しいブランドを作り過ぎると，自社の経営資源が拡散して効果が上がらない結果に終わるなどのデメリットがある。

第10章　組織論 I

【事例紹介】アイリスオーヤマの危機をチャンスに変える「仕組み至上主義」徹底の経営

　2020年3月から始まったコロナ禍で多くの企業が経営危機に陥る中，アイリスオーヤマ株式会社（アイリスオーヤマ）はこの危機に素早く対応し売上を伸ばすことに成功している。過去にも，バブル崩壊や東日本大震災などの危機を乗り越え，成長の機会に変えてきた。

　アイリスオーヤマは，こうした危機に対して3つの要因，すなわち，「スピード」，「多能工化」，「設備の余裕」を掲げ，個人に依存しない強い**組織**（☛本章：145頁）を作る**経営**（☛第2章：17頁・本章：150頁），すなわち，「仕組み至上主義」徹底の経営を貫いている。

　1つ目のスピードとは，経営判断の周期を短くすることを意味し，顧客ニーズに応える商品をいち早く市場に送り出すスピードの速さにつなげている。具体的には，毎週月曜日に新商品開発会議として「プレゼン会議」を開催し，社長を含む役員，**研究開発部門**（☛第4章：48頁・本章：152頁・第11章：165頁）の責任者，営業，広報，**物流**（☛第9章：135頁）など全部門の責任者が出席し，新商品の開発提案からパッケージデザインに至るまでその場で話し合ってすべてを決定している。

　プレゼン会議では毎週50以上の案件の可否を即決し，その場で情報共有を徹底するため，1日がかりの会議となる。週5日のうち丸1日が拘束されることになるが，会議後の伝達という無駄な仕事が発生しないことから，新商品の市場投入までのリードタイムで見ると効率性が担保されることになる。

　プレゼン会議を通過して開発が決まると，提案者がそのまま開発責任者となる。開発部門では数人のチームが組まれ，リーダーは商品ごとに代わる。また，営業，広報，物流などその他の部門も，開発という**共通目的**（☛本章：145頁）

に合わせてそれぞれの担当業務を一斉に走らせることになる。

2つ目の多能工化とは，1人の社員が複数の業務を担当することを意味する。危機からの再起を図るうえでは，非常に重要な仕組みとなる。なぜなら，非常事態では何に重点的に取り組むべきかが頻繁に変わることから，社員1人ひとりにできることが多ければ多いほど，時機に照らして必要とされる仕事に**経営資源**（☛第1章：5頁・第5章：63頁・第6章：87頁）を集中させることができるからである。

アイリスオーヤマでは，1人が何役もこなせる多能工を育て，それに情報共有の仕組みを加えることにより，環境に応じた**全体最適**（☛第4章：49頁）を実現し，開発，営業，物流などが機敏に動ける体制を築き上げている。

3つ目の設備の余裕は，チャンスロスを回避することを目的としている。すなわち，最初から設備をフル稼働させずに，工場などの設備稼働率を7割に止め常に余裕を持たせることで，非常時に対応できる体制を常時整えておくのである。アイリスオーヤマがコロナ禍のマスクという特需に対応できたのも，この仕組みがあったからである。

平時に7割の設備稼働率に抑えておけば，急激な需要が発生しても最大で約5割増しのオーダーまで対応することが可能となる。これにより，環境変化で生じたビジネスチャンスを確実に捉えてものにすることができるというわけである。

アイリスオーヤマは，**企業理念**（☛第2章：18頁）の第一に「会社の目的は永遠に存続すること。いかなる時代環境に於いても利益の出せる仕組みを確立すること」を掲げている。この理念を果たすために，2つのKPI（重要業績評価指標）を設定して，常時達成することを目指している。2つのKPIとは，すなわち，「経常利益」と「新製品比率を50％以上にすること」である。ここで言う新製品とは発売から36ヶ月以内の商品を意味し，その期間を過ぎたらいかなる革新的な商品であっても既存商品の扱いとなる。

この考えの背景には，新たなニーズに対して常にチャレンジし続けるという重要な使命がある。実際，アイリスオーヤマでは，新製品比率は10年前から60％前後を維持し，毎年1,000点以上の商品を新たに市場に投入している。新製品を常に揃えておけば，その時々の環境で役に立てる商品が生まれ，突発的

な需要にも即座に対応できるのである。

　「仕組み至上主義」徹底の経営を貫き通すことができるのは，アイリスオーヤマがオーナーシップ制を採用しているからである。プレゼン会議を通過した商品が売れなかった場合，責任をとるのは提案者ではなく，**意思決定**（☞**本章：150頁**）を下した社長である。決裁者が責任をとることが徹底されていることで，現場は自由に提案できるようになり，さまざまなアイディアが生まれるようになる。

　現在アイリスオーヤマが取り扱う商品は約2万5,000点に達する。**製品開発**（☞**第4章：51頁**）の最終決定者である社長には，顧客ニーズを捉えることが常に求められている。既存製品の改良や改善を積み重ねながら，新たな製品開発に挑戦するというアイリスオーヤマの**両利きの経営**（☞**第7章：97頁**）はこれからも続く。

1. 組織とは

- 会社の組織は，事業目的を達成しようとする人たち，すなわち社長などの経営者や管理者，従業員などの集まりであるとの捉え方が一般的であり，会社に属する人が焦点になりがちである。

- このような考え方に対して，経営学の源流に位置し経営組織に関する理論を実務経験により構築したバーナードは主著である『経営者の役割』の中で，組織を「意識的に調整された2人またはそれ以上の人々の活動や諸力のシステム」と定義して，事業活動に携わる人々が集まる「協働システム（仕組み）」の概念を新たに生み出した。ここでは，経営者や管理者，従業員のみならず，取引業者や投資家，顧客などあらゆる者が，事業活動に携わる人々の中に含まれる。また，協働システムは，建物や機械などの「物的システム」，販売先や仕入先などとの取引である「社会的システム」，経営者や従業員などの「人的システム」の3つが結合したシステムである（図表10-1）。

- バーナードは，「組織は，お互いに意思を伝達できる人々がいて，それらの人々は活動することによって貢献しようとする意欲をもち，共通の目的を成し遂げようとするときに成立する」と論じて，組織が成立するための

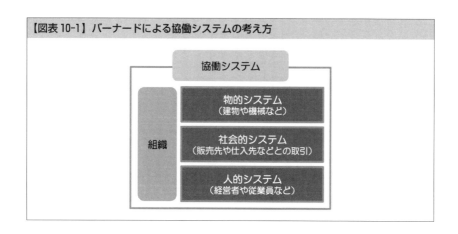

【図表10-1】バーナードによる協働システムの考え方

協働システム

組織

物的システム
（建物や機械など）

社会的システム
（販売先や仕入先などとの取引）

人的システム
（経営者や従業員など）

要件として，①共通目的，②貢献意欲（協働意思），③コミュニケーションの3つを挙げている（図表10-2）。

● 組織は，個人では達成できないことを複数の人々が集まって成し遂げようとする場合に必要となることから，まず，その集まった人々にとって達成すべき共通の目的が存在することになる。その共通の目的を成し遂げるために人々は集まるので，そうした人たちは自己を犠牲にして目的達成のために貢献しようとする意思があることになる。共通の目的と貢献しようとする意欲との間でコミュニケーションが働くことで，目的と連動した各自の仕事が伝達され活動の調整が図られる。

● このバーナードの組織論以降，活動プロセスとしての組織をいかにマネジメントしていくかということが経営管理論の大きな課題となった。それゆえ，バーナード理論は，経営管理論がファヨールの伝統的管理論から環境に適応して組織の持続を図る現代マネジメント論へと大きく移行する嚆矢となった。

● バーナードが論じた「公式組織（組織）」は，共通目的，貢献意欲，コミュニケーションの3つの要素間のバランスがとれている（内的均衡）場合に成立するが，組織が長期的に発展していくためには，組織と外部の状況とのバランスをとる（外的均衡）ことも必要になってくる。バーナードは，この外部均衡を維持する条件として，「有効性」と「能率」の2つを挙げ

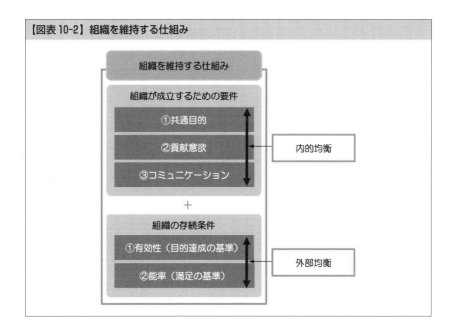

【図表 10-2】組織を維持する仕組み

組織を維持する仕組み

組織が成立するための要件

①共通目的

②貢献意欲

③コミュニケーション

内的均衡

＋

組織の存続条件

①有効性（目的達成の基準）

②能率（満足の基準）

外部均衡

ている。通常，個人にしても組織においても，経営管理の面から目的達成とそれに伴う満足は重要な要素であると考えられるが，目的達成の基準は「有効性」，満足の基準は「能率」と定義される（図表10-2）。

●能率は，個人と組織が互いに満足するという交換の問題として捉えることができる。個人からしてみれば，組織から受け取る誘因（報酬や地位，やりがいなど）が，個人が組織に提供する貢献よりも大きくないと交換は実現しないし，組織としては，個人から受け取る貢献が，組織が提供する誘因よりも大きくないと交換は実現しない。形式的にはトレードオフの関係にあるこの交換が成立するのは，組織が誘因を金銭的（報酬など）もしくは非金銭的（地位，やりがい，名声など）な基準で評価するのに対して，個人は組織から受け取る誘因を主観的に評価するからである（図表10-3）。

●このように，組織の存続は，個人が満足できる誘因を提供することにより，個人の貢献意欲を確保し維持するという組織能力によるところが大きい。よって，能率とは，組織均衡を維持するのに必要な誘因を提供する組織能

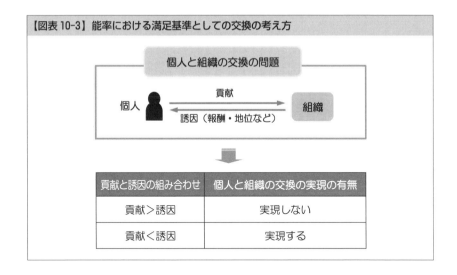

【図表 10-3】能率における満足基準としての交換の考え方

個人と組織の交換の問題

個人　　貢献　　組織
誘因（報酬・地位など）

貢献と誘因の組み合わせ	個人と組織の交換の実現の有無
貢献＞誘因	実現しない
貢献＜誘因	実現する

力であると言える。

●バーナードが示した組織を維持する仕組みは会社における公式組織を想定したものであるが，他方で「非公式組織」が公式組織に大きな影響を与えていると論じている（図表 10-4）。

●非公式組織とは，個人的な感情などによるつながりを指す。たとえば，終業後，気の合う仲間同士で食事に行ったり飲みに行ったりするときの集まりなどである。非公式組織に属する人たちは，あくまでも個人の人格のままで行動し，公式組織のような共通目的を持たない（図表 10-4）。

●個人的なつながりは，コミュニケーションの確保や意欲の向上の面で，公式組織に良い影響を及ぼす反面，仲の良い従業員のかばい合いなど，個人間の行き過ぎた癒着により，業務上の重大なるミスや失敗の隠蔽を引き起こすなど悪い影響を与える場合もある。

●科学的管理法など古典的管理論が組織を「クローズド・システム（閉鎖体系）」と捉えていたのに対して，バーナードが唱えた近代組織論や現代の組織論では，基本的に組織を「オープン・システム（開放体系）」と捉えている。ここで言うクローズド・システムとは，外部環境から遮断され組織の内部だけで物事が完結するシステムで，オープン・システムとは，外

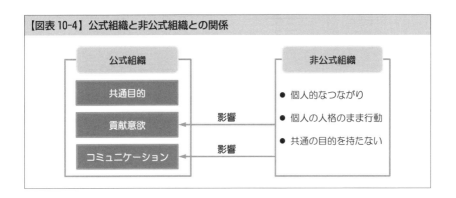

【図表10-4】公式組織と非公式組織との関係

公式組織		非公式組織
共通目的		● 個人的なつながり
貢献意欲	← 影響	● 個人の人格のまま行動
コミュニケーション	← 影響	● 共通の目的を持たない

【図表10-5】古典的管理論と近・現的組織論の組織の捉え方の違い

貢献と誘因の組み合わせ		組織の捉え方
古典的管理論	クローズド・システム （閉鎖体系）	● 外部環境から遮断され組織の内部だけで物事が完結するシステム
近・現代組織論	オープン・システム （開放体系）	● 外部環境とシステムの間に存在する情報交換などの相互作用により物事が完結するシステム

部環境とシステムの間に存在する情報交換などの相互作用により物事が完結するシステムを指す（図表10-5）。

● 企業文化（組織文化）とは，企業それぞれが持つ独自の価値体系や行動規範を指す。企業と社員との間で共有される価値体系や行動規範は，企業のこれまでの歩みや経営方針，実績などを積み上げていく過程で生まれ培われるものであり，代々の経営者たちの考え方や長年の伝統により形成されていく。企業文化が根付くことで，社員と企業間もしくは社員同士で同じ価値観や行動規範を共有する連帯感が生まれ，チームワークを良くする潤滑油のような役割を果たしてくれることが期待される。そうした価値観や行動規範が醸成される企業独特の環境は「企業風土」と呼ばれる。また，企業文化が生み出す価値観や行動規範は企業イメージに結びつくことから，企業活動に与える影響は大きいとされる。

2. 意思決定のマネジメント

- バーナードは，意思決定は組織の本質的過程であると捉えたが，経営組織における意思決定を大きく理論展開したのはサイモンである。サイモンは著書の『経営行動』に「経営組織における意思決定過程の研究」とのサブタイトルを付けて，意思決定が組織の本質的過程であるとのバーナードの命題を基礎にした意思決定論を展開した。

- サイモンは，経済学で見られるような合理性の限界を指摘し，意思決定における「限定された合理性」の考え方を示した。人は意思決定の過程で知識を完璧に把握しているわけではない。そのため，意思決定の選択肢をすべて列挙することはできない。目的を達成するにしても，人の情報処理能力は限られていることから，意思決定において，最適解が導かれることはない。よって，意思決定は必然的に満足できるレベルの満足化基準になることから，意思決定の合理性は限定されることになる。

- 経営の本質は，選択，すなわち意思決定にあるというのがサイモンの基本認識であり，その意思決定プロセスは，4つの活動の段階，すなわち，①決定のための機会を見い出す「情報活動」，②問題解決の代替案を設計する「設計活動」，③代替案の中で最適な選択を行う「選択活動」，④過去の選択を再検討する「検討活動」で構成されている（図表10-6）。

- サイモンは，管理することが意思決定を行うことであるとの前提から，組織にとって重要なのは，経営管理者の意思決定スキルであるとして，組織の意思決定を「定型的にプログラム化できる意思決定（定型的意思決定）」と「非定型的意思決定」の2つに分類したうえで，両者に適用される意思決定技術を，「伝統性」と「現代性」の観点から分析した（図表10-7）。

- 定型的意思決定は，在庫管理のようなルーチン化された業務が対象となり，反復的で業務構造が明確であることから，プログラム化やコンピュータ化が可能な意思決定である。

- 非定型的意思決定は，組織が新たに直面する問題や不定期に解決を迫られる経営課題などが対象となることから，構造が不明確でプログラム化などが困難な意思決定である。

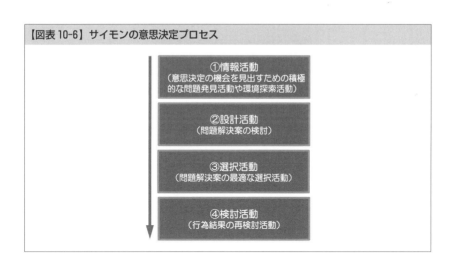

【図表 10-6】サイモンの意思決定プロセス

①情報活動
（意思決定の機会を見出すための積極的な問題発見活動や環境探索活動）

②設計活動
（問題解決案の検討）

③選択活動
（問題解決案の最適な選択活動）

④検討活動
（行為結果の再検討活動）

【図表 10-7】意思決定の種類と技術

問題の種類	意思決定の種類	意思決定技術	
		伝統的	現代的
構造的 ・数値で表現できる ・目標が目的関数で表現できる ・計算手続きがある	定型的意思決定 （プログラム化・コンピュータ化が可能な意思決定）	① 習慣 ② 事務上の慣例（標準的処理手続き） ③ 組織構造（共通の期待，下位目標の体系，よく定義された情報網）	① オペレーションズ・リサーチ：数学解析モデル，コンピュータシミュレーション ② 電子計算機によるデータ処理
非構造的 ・言語でしか表現できない ・目標が曖昧 ・手続きがはっきりしない	非定型的意思決定 （プログラム化が困難な意思決定）	① 判断，直感，創造力 ② 目の子算 ③ 経営者の選抜と訓練	発見的問題解決方法 a. 人間という意思決定者への訓練 b. 発見的なコンピュータプログラムの作成

出所：サイモン著『意思決定の科学』より作成

3. 組織構造と管理原則

●バーナードが定義したように，組織とは協働システムであることから，組織において協働を進めるためには「分業」が必要である。分業とは，複数の人が役割を分担して財の生産などを行うことである。会社の事業が大き

くなるほど，分業の程度は高まることになる。

●分業は生産性や効率性を高めるが，分業だけでは不十分であり，生産性や効率性のさらなる向上を図るためには，分業した仕事を「調整」してひとつにまとめることが必要となる。分業後の調整が行われなければ，不要なもしくは余分な仕事が行われることになり，生産性や効率性の低下を招くだけでなく，組織としての協働そのものが成り立たない恐れがある。

●このように，分業と調整は協働を進めるためには必要不可欠であり，2つをセットにして考える必要がある。組織の中で分業と調整をどのように進めていくかを決めることを「組織構造を設計する」もしくは「組織をデザインする」と言う。

●組織構造を設計するためには，まず，分業のための職務の専門化や部門化の程度を決め，そのための指揮命令系統や管理の範囲を明確にしたうえで，権限を持つ管理者や規則化の程度を決めなければならない。そのための「組織の管理原則」が，①専門化の原則，②権限責任一致の原則，③統制範囲の原則，④命令統一性の原則，⑤権限委譲の原則の5つの原則である（図表10-8）。これらの他にも組織の管理原則は存在するが，これら5つの原則は，現在，一般的に使われている重要な原則として位置付けられる。

●専門化の原則（①）とは，分業のために職務を専門化することを指す。会社が共通の目的を達成するためには，さまざまな仕事，すなわち「職能」を遂行する必要があるが，これらの職能は大別して，「基本的職能（第1次職能）」と「補助的職能（間接的職能）」の2つに分けられる。

●基本的職能は，研究開発や製造，販売などの会社の共通目的に直接貢献する職能であり，補助的職能は，総務や人事，財務，法務など基本的職能の遂行を補助する職能である。これらの職能はさらに分割され，仕事が細分化されることでそれぞれの仕事の分担が決まる。細分化が進むほど，仕事の単純化や専門化が進むので分業化のメリットを享受することができるが，細分化が過度になると，仕事が単調になり過ぎて労働意欲が失われたり，効率性が悪くなったりするというデメリットも生まれる。

●権限責任一致の原則（②）とは，組織の構成員に与えられる権限はその職務に見合ったものでなければならず，同時に与えられる権限はそれに相応

【図表 10-8】 組織の管理原則

組織の管理原則	内容
①専門化の原則	● 分業のために職務を専門化すること
②権限責任一致の原則	● 組織の構成員に与えられる権限はその職務に見合ったものでなければならず，与えられる権限はそれに相応する責任を伴うものでなければならいこと
③統制範囲の原則	● 1人の上司が直接的に指揮や管理ができる部下の人数には限界があり，組織はそれを踏まえた階層管理体制を構築する必要があること
④命令統一性の原則	● 組織内の上下関係において，組織の構成員は特定の1人の上司からのみ指示や命令を受けること
⑤権限委譲の原則	● 上司が部下に権限の一部を移譲することにより，仕事の効率化を図ること

する責任を伴うものでなければならいことを指す。これらの権限と責任は組織内の職位（階層）に基づいて付与されなければならない（「階層の原則」）。

- 権限責任一致の原則において，権限関係の決定を下すのは上司であり，「集権的組織」により上司に権限を集中させるか，「分権的組織」により多くの権限を部下に委譲する（権限委譲）かは，企業の戦略や仕事の性質などにより総合的に判断して決めることが求められる。

- 統制範囲の原則（③）は，「管理の幅（スパン・オブ・コントロール）」とも呼ばれ，1人の上司が直接的に指揮や管理ができる部下の人数には限界があり，組織はそれを踏まえた階層管理体制を構築する必要があることを指す。実際に管理できる人数は，仕事の内容により変わることから明確な基準はないが，一般的には，直接部門では30人程度，間接部門では10人程度と言われている。この範囲を超えると，管理者の部下に対する指揮や監督の効率性が下がることになる。

- 統制範囲の原則では，組織による階層管理体制の構築が必要とされる。階層管理体制を構築するための方式，すなわち部門化の方式には，研究開発や生産，営業などにように同一の機能もしくは職能毎にまとめる「機能別組織（職能別組織）」と，製品や顧客，地域毎にまとめる「事業部制組織」

とがある。

- 命令統一性の原則（④）とは，組織内の上下関係において，組織の構成員は特定の1人の上司からのみ指示や命令を受けることを指す。これは，複数の上司による指示系統の混乱を避けることが狙いで，この原則が遵守されないと，組織の秩序が維持されなくなる可能性がある。

- 権限委譲の原則（⑤）とは，上司が部下に権限の一部を移譲することにより，仕事の効率化を図ることを指す。定型的な仕事や日常反復的な業務は，問題が発生しても既定の手続きに従って解決できることが多いことから，部下への権限委譲が容易である。これにより，上司は例外的な業務や判断に専念できるようになる。このことから，この原則は「例外の原則」とも呼ばれる。

- 上司から委譲される権限は，部下の頭の中だけに留めておく場合もあるが，文書化や公式化することでより明確になる。何を文書化しどこまで公式化するかは，仕事の内容により異なるが，文書化や公式化を進めて厳格に運用すると，規則の遵守それ自体が目的となってしまい，柔軟な配慮ができなくなる恐れがある。

4. 官僚制組織

- 組織の支配形態を分析し，組織の合理的で機能的な側面に注目したうえで，組織行動の概念を生み出し，「官僚制組織論」を提唱したのはウェーバーである。ウェーバーは，秩序形成プロセスには，伝統的支配（神聖化された伝統により権威を与えられた主人が人々を服従する支配形態），カリスマ的支配（宗教的預言者などが持つ超人的な力を信じ崇拝して命令に従う支配形態），合法的支配（形式的に正当な手続きを経て定められた規則による支配形態）の3つの支配類型があり，そのうち，合法的支配の最も純粋な形態が「官僚制組織」あると述べている。

- ウェーバーは，官僚制組織が最も効率的で合理的な，組織の「理念型」であるとしている。ここで言う理念型とは，多様で複雑な現象の中から本質的な部分のみを取り出して，現実を説明するための理論上のモデルを意味する。官公庁や大規模組織に官僚制組織の特徴が多く見られる。

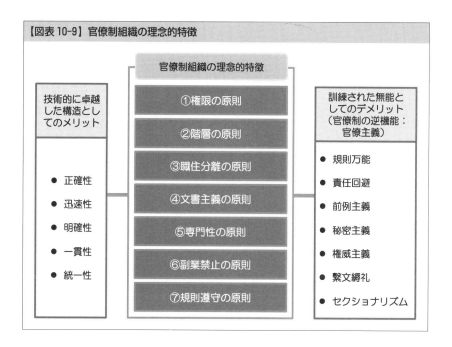

【図表10-9】官僚制組織の理念的特徴

官僚制組織の理念的特徴

①権限の原則
②階層の原則
③職住分離の原則
④文書主義の原則
⑤専門性の原則
⑥副業禁止の原則
⑦規則遵守の原則

技術的に卓越した構造としてのメリット

● 正確性
● 迅速性
● 明確性
● 一貫性
● 統一性

訓練された無能としてのデメリット（官僚制の逆機能：官僚主義）

● 規則万能
● 責任回避
● 前例主義
● 秘密主義
● 権威主義
● 繁文縟礼
● セクショナリズム

● ウェーバーは，官僚制組織の理念的特徴として，①職務は法律や規則により明確に規定されている（権限の原則），②上位の者が下位の者に命令するという階層構造の存在（階層の原則），③職業と個人生活とは分離され公私混同を禁止する（職住分離の原則），④職務の遂行は文書により行われ記録される（文書主義の原則），⑤職務活動遂行のための専門的な技能や訓練を行う（専門性の原則），⑥フルタイムで職務に専念する（副業禁止の原則），⑦一般的な法律や規則によって職務が遂行される（規則遵守の原則）を示している（図表10-9）。

● これら7つの特徴が示すように，官僚制組織は優れた機械のように技術的に卓越した組織構造であり，正確性，迅速性，明確性，一貫性，統一性などの点において圧倒的に優れているとウェーバーは主張している（図表10-9）。

● ウェーバーが提唱した官僚制組織はその後多くの研究者により進められたが，中でもマートン（Merton, R. K.）は，ウェーバーが指摘しなかった官

僚制組織のマイナス面（デメリット）を指摘して，「官僚制の逆機能」を示した。

- マートンが示した官僚制の逆機能は，規則万能（規則にないからできない），責任回避（事なかれ主義），前例主義（前例にないから新しいことはできない），秘密主義，権威主義（役所的な冷淡で横柄な対応），繁文縟礼（はんぶんじょくれい：文書を作ること自体が職務となり細か過ぎる規則や煩雑な手続きで非能率的な状況に陥る），セクショナリズム（専門以外の業務をやろうとせず自分たちの領域に他者が入って来るのを排除しようとする）などである。これらは「官僚主義」と呼ばれる（図表10-9）。
- 官僚主義は，専門的な訓練を積むことにより，予測可能なことには上手く適切な対応がとれるが，予想外のことには臨機応変な対応ができず回避するようになるといった「訓練された無能」として特徴付けることができる。

5. 組織形態

- 会社においてどのような「組織形態」が適切であるかは，その企業がとる戦略によって影響される。チャンドラーは，多角化という企業戦略から事業部制が生まれることを証明した。ここで言う組織形態とは，部門や部署がどのような基準に基づいて組織内部で編成され，それらが相互にいかなる関係を結んで組織全体の構造を形成しているかを類型化したものである。
- 現実の会社組織は，基本的に3つの組織形態，すなわち①機能別組織（職能別組織），②事業部制組織，③マトリクス組織に類型化することができる（図表10-10）。
- 機能別組織（①）とは，研究開発や生産，営業などのように同一の機能もしくは職能毎にまとめられた組織を指す。機能別組織の基本的な設計思想は，「分業の利益」や「専門化の利益」であり，単一の事業を行っている会社では効率的な組織構造として機能することから，中小企業に多い形態である（図表10-10・図表10-11）。
- 会社は組織の規模が拡大すると，機能的な専門分化が進み，研究開発担当や生産担当，営業担当，財務担当，人事担当といった部門化が図られる。部門間の調整は，社長などの経営者によって行われ，調整の権限と責任が

【図表10-10】 会社組織の3つの基本形態

会社組織形態	組織の捉え方
①機能別組織 （職能別組織）	● 研究開発や生産，営業などのように同一の機能もしくは職能毎にまとめられた組織
②事業部制組織	● 製品別や顧客別，地域別に部門化が図られ，複数の事業単位で編成される組織
③マトリクス組織	● 複数の事業単位による製品軸と，機能もしくは職能による機能軸（職能軸）の2つの軸で構成された組織構造をとる組織

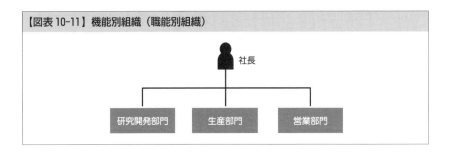

【図表10-11】 機能別組織（職能別組織）

中央に集権することから，権限関係の決定においては，機能別組織は集権的な組織となる。

●機能別組織のメリットは，専門化した部門や部署の編成により，分業の利益や専門化の利益が享受できる点にあり，集権的な組織であるがゆえに，全体として統制がとりやすく，規模の経済が実現されやすい。

●機能別組織のデメリットは，専門化による部門間の対立，すなわちセクショナリズムが起こりやすく，全般的な管理能力が身に付きにくい点に加え，組織のトップに情報が集中し情報処理負担が大きくなることから，意思決定が遅くなることである。

●事業部制組織（②）とは，製品別や顧客別，地域別に部門化が図られ，複数の事業単位で編成される組織を指す。事業単位毎に編成される各事業部には，機能別組織が持つ機能が備わり自律的組織単位として機能することから，分権的な組織構造となる。また，多角化した企業が，事業構造の多

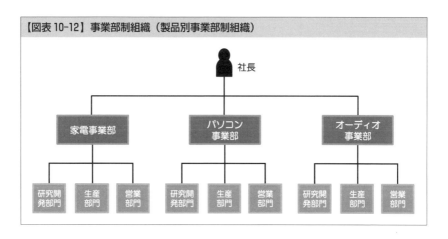

【図表 10-12】 事業部制組織（製品別事業部制組織）

様化に対応するためにとることから，大企業に多い形態である（図表 10-10・図表 10-12・図表 10-13）。

●会社は事業構造が多様化すると，ひとつの生産部門で多様な製品を生産したり，ひとつの営業部門が多様な製品を扱い販売したりすることになり，機能別組織では十分対応できなくなる。それゆえ，会社は組織構造を見直し，事業の性質毎に製品別，顧客別，地域別に部門化を図り，多様性に応じた組織への移行を進めることになる。このように，事業部制組織は，機能別組織の水平展開により生まれた組織として捉えることができる。

●事業部制組織のメリットは，各事業部が製品別や顧客別に自律的組織単位として編成されているため，自部門の課題や独自の問題への対応が可能となり，他の事業部と独立して意思決定を迅速に行うことができることにある。また，各事業部の長である事業部長に業務上の意思決定権限を委譲するため，会社のトップは情報処理負担が軽減されることになり，戦略的な意思決定に専念できる。

●事業部制組織のデメリットは，自律的組織単位として各事業部の成果が明確になることから，各事業部が自部門の利益を優先し，短期業績志向に陥りやすいことである。また，事業部間で競争原理が働く一方で，事業部間に壁ができやすく情報や技術，人材などの交流が困難になることや，専門化や分業化の利益を犠牲にしていることから二重投資など無駄が多く経営

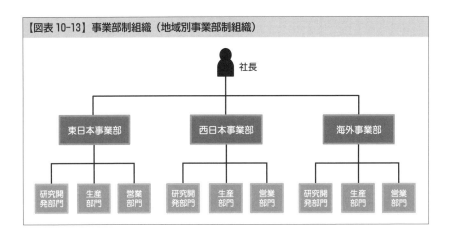

【図表 10-13】事業部制組織（地域別事業部制組織）

社長

東日本事業部 / 西日本事業部 / 海外事業部

研究開発部門　生産部門　営業部門　研究開発部門　生産部門　営業部門　研究開発部門　生産部門　営業部門

資源の効率性を十分に確保できない面がある。
- マトリクス組織（③）とは，複数の事業単位による製品軸と，機能もしくは職能による機能軸（職能軸）の2つの軸で構成された組織構造をとる組織を指す。縦と横の行列のような構造をとっていることからマトリクスと呼ばれる。事業部制組織の長所を生かしたうえで短所を克服し，機能別組織の利点を取り入れた組織形態である（図表 10-10・図表 10-14）。
- マトリクス組織は，製品や地域といった市場毎の問題に柔軟に対応できるといった分権管理の長所と，機能別組織が持つ専門化の利益との両立を目指した組織形態である。すなわち，事業部の目的遂行において，機能別組織が持つ技術や知識を有効活用することで，柔軟な対応ができることになる。
- マトリクス組織のメリットは，機能と製品もしくは地域などに関する調整を同時に行えることに加え，マトリクスによる複数の業務命令や報告の経路を持つことから，迅速で柔軟な情報伝達ができることである。
- マトリクス組織のデメリットとしては，各部門の構成員は，機能部門長と事業部長の2人の上司を持つことから，命令の一元制の原則に反するという組織構造の本質的な問題を持つことや，2人の上司が同等の立場にあることから，責任者が不明確になるといったことなどが挙げられる。
- カンパニー制は，多角経営の大企業に広く普及した社内分社制の一種であ

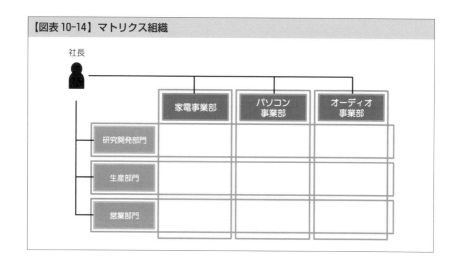

【図表10-14】マトリクス組織

り，複数の事業を展開している企業において，個々の事業を独立採算の形
式で進め，それぞれの事業をひとつの会社として位置付けて事業展開を図
っていく形態である。大幅な権限委譲を行うので，社内でありながら独立
性があり，責任の所在を明確化することで，収益力の強化や事業の効率性
を目指す経営システムである。

第 11 章　組織論 II

【事例紹介】未曾有の経営危機から業績回復を果たした日立の顧客志向への意識改革

　株式会社日立製作所（日立）は，2009 年 3 月期に 7,873 億円の最終赤字を計上した。この額は，国内の製造業では過去最大となる規模であった。未曾有の経営危機に陥ったものの，短期間で営業利益の最高益を更新する急回復を果たした。それを実現したのは，事業構造，人事制度，リーダーシップ教育など経営や**組織**（☛第 10 章：145 頁）の要諦を一つひとつ着実に変革していくことであった。

　事業構造については，日立が得意とする**コア事業**（☛第 2 章：17 頁）が何かを見極め，その事業をどのようにしたらもっと強くできるのかを考えたうえで，そこに**経営資源**（☛第 1 章：5 頁・第 5 章：63 頁・第 6 章：87 頁）を集中させ，逆に強くないその他の事業は切り離すとの視点で改革が進められた。その際，グローバルな競争市場でポジションを築くことができるのか，すなわち**ポジショニング**（☛第 6 章：79 頁）を最大のクライテリア（判断基準）として，競合他社に勝てるシナリオをしっかりと固め，すべての事業においてその見極めを行った。

　ここで言う市場でのポジショニングとは，顧客がいかなる方向を目指しているのかといった顧客志向に焦点を合わせることである。そのうえで，日立が顧客に最も貢献できる強みを探り，結果として，IT（Information Technology：情報技術）に他の製品やサービスを組み合わせることが必要であるとの結論に至った。その主軸として浮上したのが，OT（Operational Technology：制御・運用技術）である。

　OT は日立が長年手掛け，製造や流通，金融などの分野で知識や経験を積み上げてきたため，OT を IT と組み合わせたソリューションとして提供すれば，顧客のオペレーションに深く入り込むことが可能となり，関連製品やサービス

などを幅広く提供していくことができるうえ，高度な社会インフラシステムも提供できるとの狙いがあった。

これを改革の初期段階から「社会イノベーション事業」と位置付け，都市開発がこれから本番を迎えようとしている有望な国や顧客市場で展開した。そこでは，顧客が抱えているインフラや経営上の課題に対して，トータルでソリューションを提案し解決したうえで，保守やメンテナンスなどの後フォローも引き受けた。これにより，日立が強みを持つ社会インフラ関連の需要を取り込むことに成功した。

顧客や市場に合わせて自社の事業構造を見直し再編成するといった方針を推進するには，各部門の壁を越えて組織の連携を深めなければならない。既存の組織は典型的な**プロダクトアウト**（☛ 第9章：134頁）型の組織で，顧客のニーズよりも作り手の理論や計画を優先させる独立採算の組織であったため，再編による改革が必要とされた［**コンティンジェンシー理論**］（☛ 本章：163頁）。

顧客のところへ出向き何か問題を抱えていないか，問題解決のために何が必要かという**マーケットイン**（☛ 第9章：134頁）の発想に転換するには組織をどのように変えていくべきか。まずは，自分たちの事業が顧客からどのように見られているかとの視点で，2009年10月に**カンパニー制**（☛ 第10章：159頁）を導入した。

カンパニー制では日立本体に6つのカンパニーを設置し，上場子会社と同列の位置付けにして，それぞれのカンパニーの経営トップには投資家やアナリストへの説明も行わせるようにした。これにより，社内で他の事業部門と比較して自部門を評価するとの従来の発想から脱却し，同業他社と比べて業績や財務内容がどうなのかという意識へと転換が図られた。

リーダー教育の面でも，カンパニー制の導入は大きな役割を果たした。なぜなら，カンパニーのトップは，自分たちの事業をグローバルでどういうポジションに持っていくかを考え，そのために必要な判断をするという**経営者**（☛ 第2章：17頁）としての最終責任を持つことが使命とされたからである。

また，2012年にはグループ全体で25万人いる社員の人財データベースを構築して，国内外の全管理職のポジションや職務，成果などを統一の基準で評価する制度を導入して，人事制度改革を断行した。

さらに，2015年には研究開発体制もグローバルに再編して，新たに社会イノベーション協創統括本部という組織を作り，研究開発拠点を「社会イノベーション協創センター（CSI）」の名称で，日本，米国，中国，欧州に設置した。研究開発もまた，顧客と一緒になって進める方向に転換したのである。

一連の改革を通して，日立は会社が向かっている方向を組織全体に**ビジョン**（☞ **第2章：19頁**）として示しメッセージを発信してきた。そうしたビジョンやメッセージに共鳴する社員が多く集まってくる組織は強くなることを日立は証明したのである。

1. コンティンジェンシー理論 I

- 組織構造は，いかなる環境や条件に置かれても最適となるような形式が存在しない。そのため，周囲の変化に応じて絶えずその形式を変化させながら経営する必要がある。これが「コンティンジェンシー理論」の考え方であり，組織が良い成果を上げるためには，環境や状況に適応した構造になることが必要となる。ここで言う環境とは，政治や経済，社会，文化などの一般環境に加え，製造や流通，原材料やサービスの供給などに関わる企業や顧客などのタスク環境を意味する。

- コンティンジェンシーとは，本来偶発的な外部環境を指すが，コンティンジェンシー理論では，組織に影響を与える条件や環境として用いられる。それゆえ，コンティンジェンシー理論は，「条件適合理論」や「環境適応理論」とも呼ばれる。

- コンティンジェンシー理論の特徴は，「唯一最善なる組織もしくは経営システムは存在せず，組織の有効性は環境条件との適合度合に依存する」という経営管理における一般理論の否定と条件適合性を明確にする個別理論の主張にある。

- コンティンジェンシー理論の先駆的な研究のひとつとして，バーンズ（Burns, T.）とストーカー（Stalker, G. M.）の研究がある。バーンズとストーカーは，英国の20のエレクトロニクス企業を調査し，それらの組織構造と事業業績との関係を考察した。研究では，現実の企業組織を，情報や権限が上層部に集中する官僚的な組織構造を持つ「機械的組織」と，情報

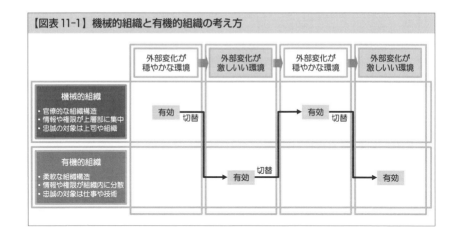

【図表 11-1】機械的組織と有機的組織の考え方

	外部変化が 穏やかな環境	外部変化が 激しいい環境	外部変化が 穏やかな環境	外部変化が 激しいい環境
機械的組織 ・官僚的な組織構造 ・情報や権限が上層部に集中 ・忠誠の対象は上司や組織	有効 切替		有効 切替	
有機的組織 ・柔軟な組織構造 ・情報や権限が組織内に分散 ・忠誠の対象は仕事や技術		有効 切替		有効

や権限が組織内に分散した柔軟な組織構造を持つ「有機的組織」の2つの理念型組織を両極とする連続線上に位置付けられるとしたうえで，外部変化が穏やかな環境であれば機械的組織が有効であり，技術環境など外部変化が激しく顧客ニーズが多様化している環境では有機的組織が有効であると結論付けている（図表11-1）。

2. コンティンジェンシー理論 II

- 会社における各機能部門は，通常，それぞれが専門とする問題やタスク環境に対応しなければならない。その結果，部門毎に仕事の仕方や物事の見方など考え方の違いが生じることになる。いわゆる「分化」である。他方で，組織は共通の目的を達成しなければならないことから，すべての活動はまとまらなければならない。このように活動がまとめられることは「統合」と呼ばれる（図表11-2）。

- この分化と統合の観点から，組織の構造と企業業績との関連性を調査し分析したのがローレンス（Lawrence, P. R.）とローシュ（Lorsh, J. W.）である。ローレンスとローシュは環境の異なる3つの業種，すなわちプラスチック産業，食品産業，容器産業を対象とした調査結果から，企業の各部門が環境の要求に十分に対応しており，組織の分化と統合が高度に行われていれ

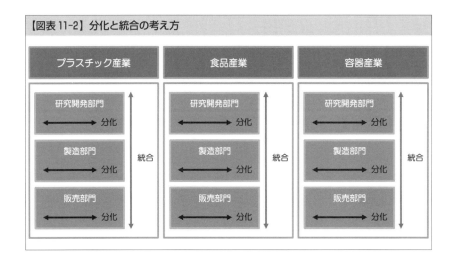

【図表11-2】分化と統合の考え方

ば，企業は好業績を上げることができると結論付けた。そのうえで，環境と組織の適合関係が企業の業績を決めるというコンティンジェンシー理論の基本命題を示した。合わせて，企業組織の分化と統合はそれぞれ異なるため，有効な組織化へ向けた唯一最善の方法は存在しないとの見方を示した（図表11-2）。

● ローレンスとローシュは，まず，同一業界で，業績の高い企業と低い企業とでは何が違うかを見極めるため，環境変化の激しいプラスチック産業を調査した。この調査では，プラスチック産業に属する企業が対処しなければならない環境は，科学的環境（対応部門：研究開発部門），市場的環境（対応部門：販売部門），技術・経済的環境（対応部門：製造部門）の3つであり，この順番で環境の不確実性が高くなることを示した。このように，それぞれの部門で対処する環境の不確実性は異なることから，環境の要求に応じた分化の状態を作り上げる必要がある（図表11-3）。

3. コンティンジェンシー理論 III

● 分化の程度は，①目標志向，②時間志向，③対人志向，④構造の公式性の4つの次元で測定できる（図表11-4）。

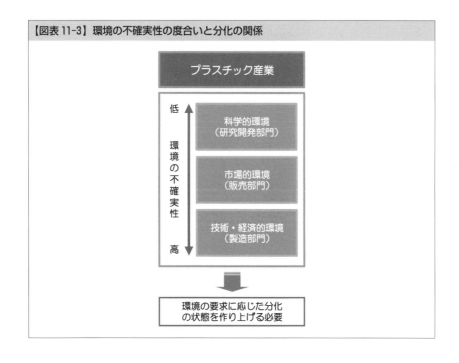

【図表11-3】 環境の不確実性の度合いと分化の関係

プラスチック産業

環境の不確実性
低
高

科学的環境
（研究開発部門）

市場的環境
（販売部門）

技術・経済的環境
（製造部門）

環境の要求に応じた分化
の状態を作り上げる必要

- 目標志向（①）とは，どのような目標を志向しているかで，特定の目標に対する志向を指す。たとえば，販売部門なら売上高の増大が重要な目標となるが，製造部門ではコスト削減が重要な目標となる。
- 時間志向（②）は，問題をどの程度の時間で捉えるかであり，たとえば，製造部門では日々の短期的な問題を扱っているのに対し，研究開発部門では長期的な問題を扱っている。
- 対人志向（③）は，対人関係を仕事中心に考えるか人間関係を中心に考えるかであり，販売部門は人間関係中心になり，研究開発部門は仕事中心になる。
- 構造の公式性（④）とは，部門組織の階層の数や公式規則の重要性といった部門組織構造の公式化の程度を指す。研究開発部門では管理階層の数は少なく業績評価基準が曖昧であるのに対して，製造部門では管理階層が多く業績評価基準も詳細である。

【図表11-4】組織内部門間の分化

部門	環境 不確実性 の程度	目標志向	時間 志向	対人 志向	部門組織構造 の公式性 の程度
製造部門	低	技術・経済的目標	短期	仕事 中心型	高 （機械的組織）
販売部門	中	市場目標	中期	人間関係 中心型	中
研究開発部門	高	科学的目標と 技術・経済的目標	長期	仕事 中心型	低 （有機的組織）

出所：柴田悟一・中橋國藏編著『経営管理の理論と実際（新板）』より作成

- 研究開発部門，販売部門，製造部門の各部門は，それぞれが直面する環境に対応して，部門組織の特性を合わせるように組織を分化させていく。
- 分化の４つの測定基準に基づいて，高業績企業，中業績企業，低業績企業の３つを比較すると，高業績企業の方がそれぞれの部門が環境の要求によく対応しており，分化が進んでいた。

4. コンティンジェンシー理論 IV

- 組織の共通の目的を達成させるためには，分化を高くするだけでは十分ではなく，各部門が相互に協力して部門間の仕事を調整するという統合が必要となる。たとえば，販売部門の知見や経験が研究開発部門に十分に生かされていれば新製品開発が市場に受け入れられる可能性は高まるし，品質の向上には，研究開発部門，販売部門，製造部門の相互の協力が欠かせないことになる。
- 基本的に，分化が高いレベルにある組織では，その組織構造や思考様式の違いから，部門間で多くのコンフリクトが発生する。こうしたコンフリクトを解消し統合を進めていくためには，統合のメカニズムが必要となる。
- 統合メカニズムには，①規則と手続きによる文書制度，②管理階層，③計画，④直接的折衝，⑤連絡担当職，⑥タスクフォース，⑦チームによる解

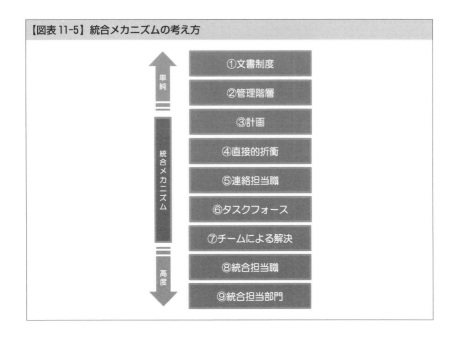

【図表11-5】統合メカニズムの考え方

①文書制度
②管理階層
③計画
④直接的折衝
⑤連絡担当職
⑥タスクフォース
⑦チームによる解決
⑧統合担当職
⑨統合担当部門

単純 ← 統合メカニズム → 高度

決，⑧統合担当職，⑨統合担当部門があり，順番が後者になるに従い高度なものになる（図表11-5）。

- ●ローレンスとローシュの調査結果では，分化の程度が低い容器産業では，文書制度や管理階層，直接的折衝などの単純なものが主要な統合手段になっていたのに対して，分化の程度が高いプラスチック産業では，統合担当部門が置かれて高いレベルで統合が図られていた（図表11-6・図表11-7）。
- ●コンフリクトが発生した場合の解消メカニズムとしては，「回避」，「強権」，「徹底討議」がある。回避は，当事者同士が自己主張を行わないようにしてコンフリクトの発生を防ぐ方法であり，強権は，当事者の一方が他方に自己の主張を一方的に受け入れさせることでコンフリクトを解決する方法であり，徹底討議は，相互に自己主張を行うが対立者にも協力的な態度で接し組織目的の達成にとってより良い解決策を発見することでコンフリクトの解消を図る方法である。
- ●3つの産業を対象とした調査結果では，どの産業も高業績企業では，回避

【図表 11-6】 3つの産業の高業績企業における統合手段

部門	プラスチック産業	食品産業	容器産業
分化の程度	10.7	8.0	5.7
主要な統合手段	① 統合担当部門 ② 3つの管理層における常設の部門間チーム ③ 管理者の直接的折衝 ④ 管理階層 ⑤ 文書制度	① 統合担当者 ② 臨時的な部門間チーム ③ 管理者の直接的折衝 ④ 管理階層 ⑤ 文書制度	① 管理者の直接的折衝 ② 管理階層 ③ 文書制度

出所：山田耕嗣・佐藤秀典著『コア・テキスト マクロ組織論』

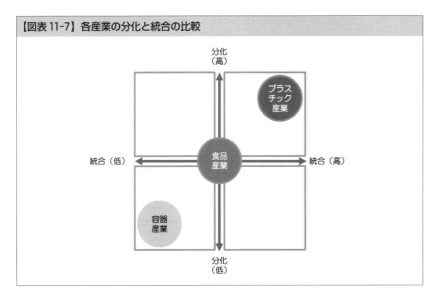

【図表 11-7】 各産業の分化と統合の比較

や強権ではなく，徹底討議がコンフリクトの解決手段として用いられていた。ただし，徹底討議がコンフリクト解決の有効手段となるには，議論可能な組織風土の存在が必要不可欠となる。徹底して討議すればそれでよいということではなく，議論を許容する組織風土や組織文化の構築が必要となる。

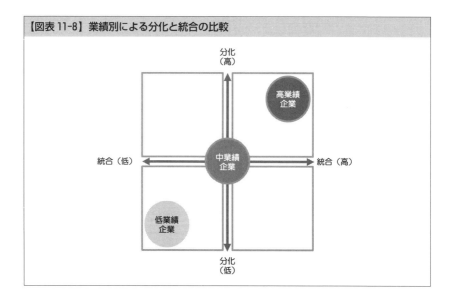

【図表11-8】業績別による分化と統合の比較

分化
（高）

高業績
企業

統合（低）　　　　　中業績　　　　　統合（高）
企業

低業績
企業

分化
（低）

- このように，ローレンスとローシュの調査結果では，高業績企業は，分化と統合の両方を高いレベルで行っており，部門毎に分化を進める一方で，各部門が協力して働ける要素も兼ね備えていることが分かった（図表11-8）。
- コンティンジェンシー理論は，テイラーの科学的管理法以来，従来の経営管理論が追求してきた唯一最前の管理方法や組織化の方法の存在を否定し，環境に応じて最適な管理方法や組織は異なるといった新たなパラダイムを実証研究に基づいた理論として示した点に意義がある。
- 他方で，コンティンジェンシー理論では，企業組織の運営が環境や企業が保有する技術特性によって規定されるため，経営者の戦略的意思決定の自由度が過小評価されたり無視されたりしていることから，企業の能動的で積極的な活動を想定しておらず，受動的な企業管理論となっている。

5. 組織文化論Ⅰ

- 組織には，視認できるさまざまな仕組みやルールが存在するが，その背後には共有された物の見方や価値観が存在する。このような組織の構成員に

共有された信念や価値観，行動規範は「組織文化」と呼ばれる。

- 米国では，1980年代に米国企業の生産性の伸びが低下する一方で，日本企業が大いに躍進し成功を収めたことから日本企業に注目が集まり，その組織文化が注目されるようになった。この時期の日本的経営に対する評価の根拠は生産性にあり，その源泉として当初は組織文化が注目された。しかし，1980年代半ば頃から，日本企業の生産システム（トヨタのジャスト・イン・タイム生産方式など）が注目を浴びるようになった。

- 組織文化の議論が沸騰した当初は，「強い文化」の重要性に注目が集まった。信念や価値観が共有され，一枚岩の組織になっていることが成功の理由であり，それは日本企業のみならず，成功している米国企業でも同じであった。

- たとえば，ピーターズ（Peters, T. J.）とウォーターマン（Waterman, R. H.）は，米国の高業績企業では少数の価値観が信奉され，これを組織の構成員すべてが共有しており，こうしたエクセレント・カンパニーの特徴である共有度が高い組織文化を強い文化と呼んだ。また，ディール（Deal, T. E.）とケネディ（Kennedy, A. A.）は著書『シンボリック・マネジャー』において，理念，英雄，儀礼と儀式，文化を伝えるネットワークが，強い文化を形作る要素であると論じている。

- ひとつの組織の中には，メイン・カルチャーとなる支配的な文化だけが存在するわけではない。複数の独立した文化も存在し，これらは「下位文化」と呼ばれる。組織文化は常に組織にとって役立つとは限らず，環境の変化とともに変化する必要がある。

- 組織文化はどのように捉えることができるか。シャイン（Schein, E. H.）は，組織文化を3つのレベル，すなわち，①人工物，②価値，③基本的仮定に分けて，基本的仮定を組織文化の本質と捉えた（図表11-9）。

- 人工物（①）とは，目に見える物理的・社会的環境のことで，建物やオフィスのレイアウト，服装，話し方，振る舞いなどの文物を意味する（図表11-9）。

- 価値（②）とは，顧客第一，チームワークの徹底などのように，組織の方針として標榜されるものを意味することから，議論されたり，反対された

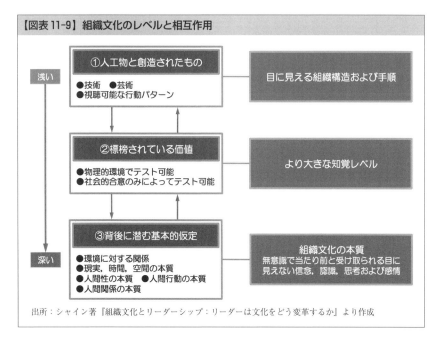

【図表11-9】組織文化のレベルと相互作用

浅い

①人工物と創造されたもの
●技術　●芸術
●視聴可能な行動パターン

目に見える組織構造および手順

②標榜されている価値
●物理的環境でテスト可能
●社会的合意のみによってテスト可能

より大きな知覚レベル

深い

③背後に潜む基本的仮定
●環境に対する関係
●現実，時間，空間の本質
●人間性の本質　●人間行動の本質
●人間関係の本質

組織文化の本質
無意識で当たり前と受け取られる目に
見えない信念，認識，思考および感情

出所：シャイン著『組織文化とリーダーシップ：リーダーは文化をどう変革するか』より作成

りするレベルにあるものを指す（図表11-9）。

● 基本的仮定（③）とは，議論の対象となりえた「価値」が，グループによる成功体験を共有することで徐々に変容し，最終的には対立もなく議論の余地もないものとなり，無意識なレベルに到達するようになることを指す（図表11-9）。

● 基本的仮定は，過去の成功体験に基づくため，組織として簡単に変えることができない場合もある。それゆえ，外部環境の変化に直面した際に，組織の適応や変革を妨げることになり，こうした組織が変われない慣性を持つことも組織文化の特徴である。

● 組織文化には，一般的な意味での最適で最強な文化があるわけでなく，いかなる組織文化にも強みや弱みは存在する。それは，優良企業や大企業の組織文化が必ずしも他社で機能するとは限らないことからも知りうることができる。

6. 組織文化論 II

- 強い文化が高業績をもたらすことができるのは、強い文化には、以下のようなさまざまなメリットがあるからである（図表11-10）。
- 1つ目は、組織の構成員に判断と行動の基準を与えられることである。組織文化が組織の構成員に共有されることにより、どのような行動が組織にとって適切なのかを判断する基準が明確になることから、構成員が適切な行動を自発的に生み出すことができる効果に加え、構成員が適切な行動をとっているか否かを監視するのに必要なモニタリング・コストを削減することが可能となる。
- 2つ目は、モチベーションの源泉になりうることである。なぜなら、共有された信念や価値観は、仕事に意味や誇りを与えてくれることがあり、構成員の多くがそれらを享受することを可能にするからである。公式の業績評価制度や外発的な報酬や昇進でも組織にとって望ましい行動への動機付けは可能であるが、それだけではすべての構成員をカバーできないことから、組織文化はそれらを補う動機付けとしても機能する。
- 3つ目は、コミュニケーションの基盤となることである。組織文化が組織の構成員に共有されることにより、構成員間に暗黙の了解の状況を作り出すことができる。そのため、細かい指示や助言がなくても構成員は相互に理解し協働することが可能となる。
- 4つ目は、不確実性の高い状況下での臨機応変な対応が可能になることである。組織文化には一定の自由度があり、細かいルールによって行動を制限することがないことから、マニュアルには対応できない不確実性の高い状況下でその自由度を発揮して、状況に応じた解釈の余地を構成員に与え、臨機応変な対応が可能となる。
- 組織文化はさまざまな効用を伴う反面、決して万能ではないことから、以下のような逆機能、すなわち問題点も存在する（図表11-10）。
- 1つ目は、思考の画一化である。組織文化がひとたび共有されると、その組織文化に合わない考え方は、組織内で非難されたり排除されたりするようになる。そうした状況では、組織の構成員は新しいことを学んだり受け入れたりする機会が限定的となり、組織の環境適応力が低下する危険が増

【図表11-10】組織文化の機能と逆機能

機能	逆機能
● 組織の構成員に判断と行動の基準を与えることができる ● モチベーションの源泉となる ● コミュニケーションの基盤となる ● 不確実性の高い状況下での臨機応変な対応が可能となる	● 思考の画一化 ● 組織構成員の操作が容易になる ● 組織の思い入れや依存の度合いが高くなる ● 悪しき文化が根付くことで構成員が自分勝手に行動するようになり組織自体の存続が危うくなる ● 価値観を共有しない外部組織に対して排他的姿勢を取る

すことになる。

● 2つ目は，組織構成員の操作が容易になることである。組織文化が構成員に共有され浸透するようになると，リーダーは構成員に価値観を信奉させることで構成員の操作が容易となり，思うままに盲従させることが可能となる。結果として構成員の判断力は低下し，リーダーや組織を批判的に見ることができなくなることにつながる。

● これらの他にも，組織の思い入れや依存の度合いが高くなることや，悪しき文化が根付くことで構成員が自分勝手に行動するようになり組織自体の存続が危うくなること，価値観を共有しない外部組織に対して排他的姿勢をとることなどが挙げられる。

第12章　モチベーション論

【事例紹介】米国ビーム買収によるサントリーの社員モチベーション向上のための戦略

　サントリーホールディングス株式会社（サントリー）は従来海外企業の積極的な M&A（☛ 第5章：63頁）を実施して経営効率や事業の**シナジー**（☛ 第4章：54頁）を高めてきたが，中でも 2014 年に 160 億ドルで買収した米蒸留酒大手のビーム（現ビームサントリー）はその象徴である。

　買収した当時，サントリーはビームと経営戦略上どのような関係性を築くべきか大別して2つの方法論があった。一つは，日本を別枠として事実上の**統合**（☛ 第11章：164頁）を避ける方法であり，もう一つは，ビームを完全に統合してサントリーになってもらう方法である。社内では意見が分かれ，特にミドル・マネジメント（中間管理職）層の中では，前者の統合を避けるべきとの意見が多くを占めていたが，社長の新浪剛史氏は後者の完全統合を選択した。

　新浪社長による後者の選択には，ビーム買収によるシナジーを短期ではなく長期的に持続して拡大するとの視点があった。また，日本企業が海外の大手企業を買収して価値観を共有しながら統合するモデルを作るとの強い意志も持ち合わせていた。

　サントリーの理念には 120 年の歴史があるが，ビームには，サントリー以上の歴史がありながら，脈々と受け継がれる確固たる**企業文化**（☛ 第10章：149頁）が存在しなかった。それゆえ，四半期や半期といった短期業績に注力した経営に傾注していたことから，ビームにサントリーの普遍的な企業文化を注入しなければいい製品は作れないとの判断があった。

　他方でビームには，現場の社員がいい製品に関われていることにワクワクするという当たり前の構造を作る必要があり，そうした構造づくりはサントリーの真骨頂であったことから，ビームにいかに注入していくかを模索した。

　しかし，そうした構造づくりのための二社間交流はなかなか進まなかった。

とりわけ蒸留酒分野では，ビームの方が規模が大きく海外の知名度もサントリー以上に高かったことから，ビーム側としては，自分たちはグローバル企業なのでサントリーはただ支援してくれればよいとの上から目線的な考えが強かった。

　そのため，新浪社長はまず，サントリーが主導権を握ることを考えた。米国では，組織経営においてチェーン・オブ・コマンド（指揮命令系統）は極めて重要であり，誰にリポートするかが大きな意味を持つ。当時，ビームのCEOであったマット・シャトック氏は，ビームの運営を自分が任されているのだからボスは自分であるとの思いが強かった。そのため，ビームの株式を100％保有する親会社サントリーの代表である新浪社長こそがボスであり，リポートラインであることを理解させることは難しかった。新浪社長はマットCEOと熾烈な議論を重ね，自分の立場を明確にするまで1年以上の期間を要した。以降，マットCEOはタウンホールミーティング（社長と社員との対話集会）などさまざまな公の場で，新浪社長が自分のボスであると紹介するようになり，ビームの経営陣との信頼性を築くことに成功している。

　一方でビームの社員にも**モチベーション**（☛本章：177頁）を高くして働いてもらうことも重要な課題であった。そのための重要なるソリューションのひとつとして，サントリー大学を新設した。大学では，創業家の方々の登壇などにより，サントリーの礎である鳥井信治郎氏の創業精神や**企業理念**（☛第2章：18頁）をしっかりと理解してもらうことを目指した。理念や目的が共有できれば，現地の**マネジメント**（☛第2章：17頁・第3章：31頁）を任さられることから，国境を越えて対話する機会を増やすことに注力した。

　サントリー大学以外でも，ビーム社員の積極的参加を促した。たとえば，水源涵養活動である「天然水の森」活動に参加してもらうことで，サントリーの企業理念が具体的な形としてどのように表れているかを学ぶ機会を作った。この活動には，日本の社員にも参加してもらい，企業理念の価値を再認識してもらうとともに，両社の人間が交わって直接対話する機会を持つことで互いの交流が深まるよう促した。

　こうして，大学や大学以外での活動によるさまざまな対話を通して両社間の交流が促進され，ビームとの統合が深まることになる。2017年に米国で実施

されたエンゲージメントサーベイでは，サントリーと一緒になって良かったと答えた社員が9割近くに達するまでになった。ビームとの間で対話が進むことにより，企業理念の実現を常に念頭において主体的に動く**組織**（☞ 第10章：145頁）が創造されて，日本を含めた組織全体に好循環を生み出すことをサントリーは証明したのである。

1. モチベーションとは

- ●モチベーションとは一般的には「動機付け」と解釈され，人が目標などに向かって行動を起こすための内的エネルギー，すなわちやる気や意欲などを示す概念として理解されている。ビジネスでは仕事へのモチベーションが重要であり，仕事に対して熱心で意欲的に取り組む人，すなわち仕事へのモチベーションが高い人が求められる。組織が高い成果を生み出すためには，仕事をこなすための高い個人の能力に加え，こうした仕事へのモチベーションが高い人の協働が必要不可欠となる。

- ●動機付けには，「外発的動機付け」と「内発的動機付け」の2つがある。外発的動機付けは，報酬や評価，強制，懲罰など外からの刺激が要因となって動機付けられることを指す。報酬や評価など汎用性が高く誰にでも実践でき，短期間で効果が表れるというメリットがある反面，持続性がなく人格的成長が期待できないなどのデメリットがある。内発的動機付けは，興味や関心を持つことで意欲が沸き起こり，達成感や満足感などを得たいという人の内面的な要因によって動機付けられることを指す。自発的な動機付けのため行動が持続し，自己成長や能力開発につながるというメリットがある反面，本人の興味や関心がないと動機付けが難しく，内面的な要因であるため，個人差があり汎用性がなく実践が難しいなどのデメリットがある。

- ●モチベーションの本格的な研究は1940年代から始まり，当初は，マズロー（Maslow, A. H.）の欲求階層説，マグレガー（McGregor, D. M.）のX理論・Y理論，ハーズバーグ（Herzberg, F.）の動機付け・衛生理論（二要因理論）などの研究に見られるように，「人は何によって動機付けられるか」といったモチベーションを発生させる要因を明らかにしようとする

【図表12-1】 モチベーションの実体理論とプロセス理論

プロセス理論	●マクレランド（McClelland, D. C.）：欲求理論 ●アダムス（Adams, J. S.）：公平理論 ●ブルーム（Vroom, V. H.）：期待理論 ●ローラー（Lawler, E. E.）他：期待・価値理論 ●リッカート（Likert, R.）他：同一化理論　など

↑ 発展

実体理論	●マズロー（Maslow, A. H.）：欲求階層説 ●マグレガー（McGregor, D. M.）：X理論・Y理論 ●ハーズバーグ（Herzberg, F.）：二要因理論　など

「実体理論」が中心であった。実体理論は，コンテンツ理論もしくは欲求説とも呼ばれている（図表12-1）。

● 現代では，こうした初期の実体理論から発展する形で，マクレランド（McClelland, D. C.）の欲求理論，アダムス（Adams, J. S.）の公平理論，ブルーム（Vroom, V. H.）の期待理論などの研究が展開され，「人はどのようにして動機付けられるか」といったモチベーションが発生する心理的なメカニズムを解明しようとする「プロセス理論」が中心となっている（図表12-1）。

2. 欲求階層説とは

● マズローは，人間の欲求を5つの階層，すなわち，①生理的欲求，②安全欲求，③社会的欲求，④承認欲求，⑤自己実現欲求に分け，人間はより高い欲求に向かって成長しようとするという「欲求階層説」を提唱した。①から④は何かが足りないという欠乏状況を充足させることが行動を起こすやる気の源泉になるという「欠乏動機」であり，⑤は人間が行動を起こす動機が自分の能力を生かしてさらに成長したいという「成長動機」である（図表12-2）。

● 5つの欲求は階層構造にあり，人の欲求は生理的欲求が満たされると安全欲求へと移るように，下位の欲求から上位の欲求へと1段階ずつ欲求が高まり，それを満たすための行動を人間はとるようになる。マズローは，成

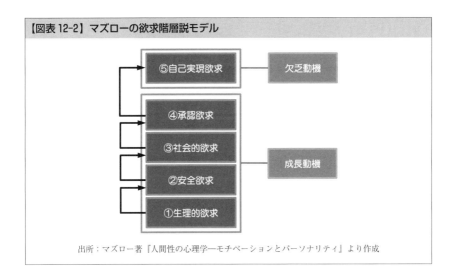

【図表 12-2】マズローの欲求階層説モデル

- ⑤自己実現欲求 — 欠乏動機
- ④承認欲求
- ③社会的欲求
- ②安全欲求 — 成長動機
- ①生理的欲求

出所：マズロー著『人間性の心理学―モチベーションとパーソナリティ』より作成

長動機である自己実現欲求はいくら追い求めても満足することはできないと主張している（図表12-2）。

- 生理的欲求（①）は、生命や生活を維持しようとする本能的な欲求で、食事や睡眠、休養、運動などに対する欲求が当てはまる。
- 安全欲求（②）は、予測可能で秩序だった安定した状態を得ようとする欲求で、安全な状態を求めたり、良い健康状態や暮らしの水準を維持したり、危険や不確実性を回避しようとしたりする欲求などが当てはまる。
- 社会的欲求（③）は、自分が社会に必要とされている、他社に受け入れられている、どこかに所属しているという感覚を満たそうとする欲求で、集団に属したり、仲間を求めたり、家族や友情での愛情を求めたりする欲求が当てはまる。
- 承認欲求（④）は、自分が集団から価値のある存在として認められ尊重されることを求めたり、自尊心を求めたりする欲求を指す。尊重のレベルには、他者からの尊敬や評価を受けたいという低い尊重のレベルと、他者よりも自分自身の評価を重視するというより高い尊重のレベルの2つがある。マズローは、低い尊重のレベルに留まり続けることは危険だとする一方で、自己信頼感や自律性など高い尊重のレベルに対する欲求が妨害されると、

劣等感や無力感などの感情が生じると主張している。

- 自己実現欲求（⑤）は，目標に向かって自分自身を高めたり，自身の成長機会を求めたり，能力を発揮したいと思う欲求を指す。マズローは，すべての行動の動機がこの欲求に帰結することになると説き，この欲求の中に利己と利他の一致による社会貢献を求めている。

- マズローの欲求階層説は，これまで多くの研究者により取り上げられてきたが，この欲求階層説を部分的に修正した理論として代表的なのが，アルダーファ（Alderfer, C. P.）の「E・R・G理論」である。アルダーファは，組織の経営と発展は，人間の主要な欲求が源泉になっていると主張して，その欲求を，①生存欲求（Existence：生きるために必要な物理的・生理的な欲求），②関係欲求（Relationship：自分の周りにいる重要な人々との関係を良好に保ちたいという欲求），③成長欲求（Growth：自分自身が成長したいと欲求）の3段階に区分した（図表12-3）。

- 欲求階層説では，安全欲求の中に対人的な欲求と物質的な欲求が混在し，また，承認欲求の中に他者からの尊敬や評価を受けたいという対人的な欲求と他者よりも自分自身の評価を重視する欲求とが混在していた。E・R・G理論ではこの点を修正し，安全欲求と承認欲求に含まれる対人的な欲求を関係欲求にまとめることで，欲求階層説の5つの欲求を，生存欲求（物質的・生理的），関係欲求（対人的），成長欲求（自己創造的・生産的）の3つに再区分したものである（図表12-3）。

- E・R・G理論における欲求階層説との類似点として，最上位にある成長欲求が自己実現の欲求と同様にいくら追い求めても満足することがないことや，低いレベルの欲求が満たされるとその欲求を満たそうとする行動が減少しもう一つ上の欲求の常用度が増すといったことなどが挙げられる。

- E・R・G理論が欲求階層説と異なる点としては，あるレベルの欲求が満足されない場合，欲求階層説では同じレベルの欲求を追い求め続けるが，E・R・G理論ではひとつ下のレベルの欲求の需要度が増すことや，欲求階層説のようにそれぞれの欲求は必ずしも低いレベルの欲求から順番に求められるわけではなく，同時に満たそうとして追求されることなどがある。

【図表 12-3】欲求階層説と E・R・G 理論の比較

マズローの欲求階層説	アルダーファの E・R・G 理論
①生理的欲求 ②安全欲求（物質的な欲求）	①生存欲求
②安全欲求（対人的な欲求） ③社会的欲求（対人的な欲求） ④承認欲求（対人的な欲求）	②関係欲求
④承認欲求（自己評価重視の欲求） ⑤自己実現欲求（利己的な欲求）	③成長欲求
⑤自己実現欲求（利己と利他が一致した欲求）	

出所：Alderfer, C. P. [1972] *Existence, Relatedness, and Growth: Human Needs in Organizational Settings* より作成

3. 動機付け・衛生理論とは

●満足感と不満足感の関係を考える場合，欲求が満たされていれば満足の方向に，また，欲求が満たされていなければ不満足の方向に，1本の軸上を移動するという捉え方が一般的である。この考え方は仕事の満足感については成り立たないとして異を唱え，「人々を仕事のうえで満足させる要因と人々を仕事のうえで不満足にする要因とは，互いに独立した別の要因である」と主張したのが米国の臨床心理学者であるハーズバーグである（図表 12-4）。

●ハーズバーグはピッツバーグ心理学研究所の研究員とともに，約 200 人のエンジニアと経理担当事務員を対象にして，臨界事象法と呼ばれる手法を用いてインタビュー調査を行った。被験者に「仕事上のどんなことで幸福や満足を感じたか，また，どんなことで不幸や不満を感じたか」という質問を行ったところ，仕事に対して満足をもたらす要因と不満足をもたらす要因とは別個のものであり，それぞれの要因が人間の行動に異なった作用を及ぼすことが分かった。

●仕事に対して満足をもたらす要因となった出来事には，達成，承認，仕事そのもの，責任，昇進，成長の可能性などがあった。これらの要因が満たされたときには満足感をもたらすが，満たされない場合でも不満足感を引

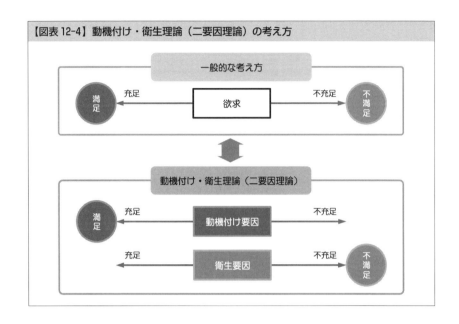

【図表 12-4】動機付け・衛生理論（二要因理論）の考え方

一般的な考え方

満足　充足　←　欲求　→　不充足　不満足

動機付け・衛生理論（二要因理論）

満足　充足　←　動機付け要因　→　不充足

充足　←　衛生要因　→　不充足　不満足

き起こすことはない。この「満足─満足でない」に関わる要因をハーズバーグは「動機付け要因」と呼んだ（図表 12-4）。

● 仕事に対して不満足をもたらす要因となった出来事には，会社の方針と管理，上司との関係，同僚との関係，職場環境，監督の能力，給与などがあった。これらの要因が満たされないときには不満足感をもたらすが，満たされた場合でも満足感を引き起こすことはない。この「不満足─不満足でない」に関わる要因をハーズバーグは「衛生要因」と呼んだ（図表 12-4）。

● 満足と不満足の感情をこのように 2 つの要因から説明するハーズバーグの理論は，「動機付け・衛生理論」もしくは「二要因理論」と呼ばれる。

● 動機付け・衛生理論は，動機付け要因が満たされていても，衛生要因が満たされなければ不満は大きくなるし，衛生要因を満たしたとしても，動機付け要因を満たさなければ満足感は上がらないというように，満足と不満足とは同じ直線上にあるのではなく軸が分かれているとの考え方であることから，不満足に結びつく要因をいくら取り除いたとしても，満足感につながる要因を充実させなければ満足感は生まれず，仕事へのモチベーショ

ンは強まらないことになる。なぜなら，不満足を感じる要因の改善は，人が不快なことを回避したいという欲求を満たすことができたとしても，成長したいという欲求を満たすことにはつながらないからである。したがって，企業や組織においては，構成員に達成感や責任感の持てる仕事を与える，上司や同僚からの承認を得るといった満足感につながる要因を充実させるような施策が，モチベーションにつながることになる（図表12-4）。

- 動機付け・衛生理論が示した満足と不満足とは別々の軸上にあり両者は次元が異なるとの考え方は，欲求の充足感による満足と不満足の一般的なものの見方に一石を投じるものであったが，満足感やモチベーションの向上が，経営の本来的な目的である組織の生産性につながるか否かという命題に答えうるものではなかった点にこの理論の限界がある。また，一般的には動機付け要因と考えられる給与などの金銭を衛生要因に分類したように，動機付け要因と衛生要因とが明確な基準で分かれていないといった点なども指摘されている。

4. マグレガーのX理論・Y理論とは

- 組織において管理者は，人間の本性を知らなければ人間の行動を管理することは難しい。マグレガーは著書『企業の人間的側面』の中で，管理者が仮定する人間の本性には，従来の古い仮定であるX理論と新しい仮定であるY理論の2種類があり，権限行使と命令統制による経営手法であるX理論を批判して，「統合の原則」に基づくY理論の経営が将来の良い経営手法になると主張した。

- 統合の原則とは，組織において個人の目標と組織の目標を統合することを指し，Y理論では，両者の目標が明確な方法で調整できれば，企業はもっと能率的に目標を達成することができることを意味する。つまり，構成員は自身の目標や欲求が組織の目標と統合されていれば，自発的に自己の能力や知識，技術などを高め，実務に生かすことで企業の繁栄に尽くそうとするようになる。具体的な方法としては，構成員に目標設定させることで自主統制や能力開発を促したり，構成員が担当する職務範囲を拡大させたり意思決定に関与させたりすることなどが挙げられる。

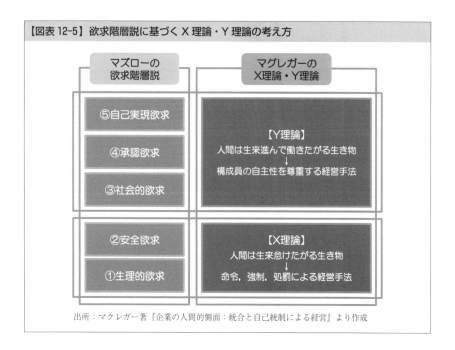

【図表 12-5】 欲求階層説に基づく X 理論・Y 理論の考え方

マズローの
欲求階層説

マグレガーの
X理論・Y理論

⑤自己実現欲求

④承認欲求

③社会的欲求

【Y理論】
人間は生来進んで働きたがる生き物
↓
構成員の自主性を尊重する経営手法

②安全欲求

①生理的欲求

【X理論】
人間は生来怠けたがる生き物
↓
命令，強制，処罰による経営手法

出所：マクレガー著『企業の人間的側面：統合と自己統制による経営』より作成

- X 理論は，人間は生来怠けたがる生き物で，凡庸で責任をとりたがらず，放っておくと仕事をしなくなるので，命令や強制で管理し，目標が達成できなければ処罰するといった経営手法をとるべきであるという考え方である（図表 12-5）。
- Y 理論は，人間は生来進んで働きたがる生き物で，自己実現のために自ら行動し，問題解決にあたりながら目標達成に向けて努力するので，構成員の自主性を尊重する経営手法が効果的であるとの考え方である（図表 12-5）。
- マズローの欲求階層説における生理的欲求や安全欲求といった低次欲求を比較的多く持つ人間の行動モデルが X 理論で，社会的欲求や承認欲求，自己実現欲求といった高次欲求を比較的多く持つ人間の行動モデルが Y 理論に当たる（図表 12-5）。
- マグレガーは，X 理論に基づいた組織構成員の管理はモチベーションの向

上には適さず，Y 理論に基づく経営管理が効果的であり，とりわけ，低次欲求が満たされている現代においては，Y 理論に基づく管理方法の必要性が高いと主張している。

5. 公平理論とは

- アダムスは，モチベーションの分野に公平感の考え方を導入して，人のモチベーションは，その人が仕事に投入したインプットと仕事から得たアウトプットの比率を他者（比較他者）と比較することで発生するという「公平理論」を提唱した。ここで言うインプットとは，その人の学歴や経験，能力，仕事に投入した努力などで，アウトプットとは，給与水準や昇進，表彰などを指す（図表 12-6）。
- 公平理論では，人は自分のインプットとアウトプットの比率が，比較他者のインプットとアウトプットの比率と同じ場合に公平感を感じ，モチベーションが向上するとしている。両者の比率が異なっている場合に人は不公平感を感じるが，注意する必要があるのは，比較他者よりも自分の処遇が低い場合だけでなく，処遇が高いと感じる場合にも不公平感を感じるとしている点である（図表 12-6）。
- 人は不公平感を感じた場合，公平感を感じられるようにさまざまな働きかけを行う。自分の処遇が低いと感じたときに行う働きかけは，「自分のインプットを下げる」，「自分のアウトプットを上げる」，「比較他者のインプットを上げる」，「比較他者のアウトプットを下げる」の 4 つで，逆に，自分の処遇が高いと感じたときに行う働きかけは，「自分のインプットを上げる」，「自分のアウトプットを下げる」，「比較他者のインプットを下げる」，「比較他者のアウトプットを上げる」の 4 つである。こうした行動をとることにより，人は公平感を感じようとする。その結果，公平感を感じることができれば，人はモチベーションを向上させることができる。しかし，一連の行動をとっても公平感を感じられない場合には，人は，「別の比較他者を選ぶ」，「離職する」，「モチベーションを落としたまま組織に留まる」といった行動をとることになる（図表 12-6）。

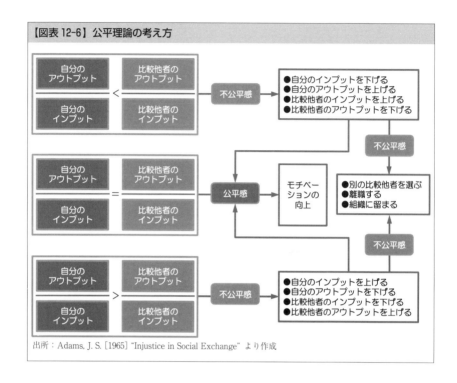

【図表 12-6】公平理論の考え方

自分の アウトプット	比較他者の アウトプット	
自分の インプット	比較他者の インプット	<

不公平感 →

●自分のインプットを下げる
●自分のアウトプットを上げる
●比較他者のインプットを上げる
●比較他者のアウトプットを下げる

不公平感

自分の アウトプット	比較他者の アウトプット	
自分の インプット	比較他者の インプット	=

公平感 →

モチベーションの向上

●別の比較他者を選ぶ
●離職する
●組織に留まる

不公平感

自分の アウトプット	比較他者の アウトプット	
自分の インプット	比較他者の インプット	>

不公平感 →

●自分のインプットを上げる
●自分のアウトプットを下げる
●比較他者のインプットを下げる
●比較他者のアウトプットを上げる

出所：Adams, J. S. [1965] "Injustice in Social Exchange" より作成

6. 外発的動機付けと内発的動機付け

- ●外発的動機付けのプロセスを考える理論のひとつに期待理論がある。ブルームは，「行為→成果→報酬」という関係性，すなわち仕事に打ち込もうとする行為は，何らかの成果を生み出し，その成果は報酬に結びつくという関係性を基にして，「道具性期待理論（期待理論）」を提唱した（図表12-7）。

- ●「行為→成果→報酬」という関係性は，たとえば，仕事に懸命に打ち込むと（行為），営業成績がトップになり（成果），マネージャーへの昇進を果たすことができる（報酬）という構図として理解できる。ここでは，行為が成果につながる確率（期待）が高いほど，また，成果が報酬に結びつく確率（道具性もしくは手段性）が高いほど，さらには，報酬が個人にとって魅力的である（誘意性）ほど，その個人は動機付けられることになる。

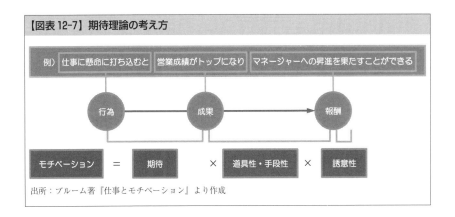

【図表 12-7】 期待理論の考え方

例〉仕事に懸命に打ち込むと　営業成績がトップになり　マネージャーへの昇進を果たすことができる

行為　→　成果　→　報酬

モチベーション　＝　期待　×　道具性・手段性　×　誘意性

出所：ブルーム著『仕事とモチベーション』より作成

すなわち，個人の動機付け，つまりモチベーションは，期待，道具性，誘意性の３つの要因の積により算出することができる（図表 12-7）。

●期待理論は３つの要因の積による数式，すなわち「モチベーション＝期待×道具性×誘意性」で表せることから，いずれかの要因がひとつでもゼロであれば，モチベーションは上がらないことになる。つまり，どれかひとつの要因が最低限の数値すら満たせない場合，他の要因が魅力的であったとしても意味がないことになる（図表 12-7）。

●道具性は個人差が大きく，ある人には魅力に感じる要素であったとしても，他の人には魅力に感じないどころかマイナスの要素になってしまう場合がある。たとえば，世界で活躍したいと考えている人には，海外赴任の可能性が高い会社は魅力的であるが，外国語によるコミュニケーションを好まず苦手としている人にとってはマイナス要素になる。どのような要素に魅力を感じ重視するかは個人の価値観や性格によって異なることから，すべての人に魅力的な条件を提示することは難しい。

●期待理論は仕事に懸命に打ち込めば，成果や報酬が期待できるという関係性を基本にしていることから，外発的動機付けに注目した理論である。それゆえ，成果や報酬が期待できなくても，仕事に満足や喜びを見い出し時間を忘れて従事するといった内発的動機付けに裏付けられた行動を説明することは難しい。実際，ブルームは，期待理論は欠勤や離職に対する説明

力は高いが，組織における高いレベルでの生産性を十分に説明することはできないかもしれないと述べている。

- 内発的動機付け理論を体系化したのは，デシ（Deci, E. L.）である。デシは内発的に動機付けられた行動を，「人がそれに従事することにより，自己を有能で自己決定的であると感知することのできるような行動」と定義した。ここで言う「有能」とは，自己が置かれた環境の中で上手く生きられるという感覚で，自分が置かれた環境を上手に処理し効果的な変化を生み出すことができたときに初めて有能さを感じることができる。また，「自己決定的である」とは，誰かに命令されて行動したり，外的報酬などを得るために行動したりしないことであり，有能感のある種の前提条件となっている。

- 有能感や自己決定の感覚を経験したいという内発的欲求は，人間が生来的に持っているものであり，人間は，自分が有能で自己決定的であることを感じさせてくれるような適度なチャレンジの機会を追加したり，自分が作り出しているチャレンジを征服しようとしたりするような内発的に動機付けられた行動をとる。

- 自己決定の感覚は，高くなれば満足感が増加し低くなれば満足感が減少する。この結果は，これまでの調査や実験で示されているが，日本企業の従業員についても，個人の自己決定の感覚が高いほど職務満足感が高いことが確認されている。

第13章　リーダーシップ論

【事例紹介】日本電産を強力なリーダーシップで導く創業者永守重信氏の「千里眼的経営」

　日本電産株式会社（日本電産）は1973年の創業以来，いく多の危機を乗り越え大きな成長を遂げてきた。たとえば，2008年のリーマンショック時には売上高が半減したことから，**コスト削減**（☛第6章：83頁）の徹底と生産性向上という2つの課題に取り組むWPR（ダブル・プロフィット・レシオ）プロジェクトを立ち上げ，トップダウンによる強力な**マネジメント**（☛第2章：17頁・第3章：31頁）を貫徹して，見事なV字回復を果たしている［**変革型リーダーシップ**］（☛本章：192頁）。

　このリーマンショック時のWPR1では，日本電産グループ全体で1年間に数万項目に及ぶ改善提案が挙げられた。生産性向上では，それまで外注していた部材を内製化したり，生産ラインを自動化したりした。また，コスト削減では，社員給与を1〜5％削減したものの，業績が回復した段階で余剰分を上乗せしてボーナスとして戻している。

　WPRプロジェクトはその後も継続され，小型精密モーターの主要市場であるPC市場がスマホやタブレットの普及で縮小に転じた2012年には，WPR2が立ち上げられた。また，WPR3は中国市場が減速した2018年度に，WPR4はコロナ危機の2020年度にそれぞれ立ち上げられている。

　WPRではコストを下げるだけでなく，工場や設備を売却してリースに切り替えたり，契約形態の異なる社員を雇用して人件費を変動費化したりするなどして，さまざまな工夫を取り入れることで，グループ全体の収益構造を抜本的に改革している［**コストリーダーシップ戦略**］（☛第6章：83頁）。

　日本電産は，こうしたWPRプロジェクトにより経営効率を高める一方で，「2030年度売上高10兆円」の長期目標を掲げて，創業者であり現在会長兼CEO

を務める永守重信氏が以前より言及してきた5つの大波, すなわち「クルマの電動化など「100年に1度」の技術革新」「食品やサービスなどに広がるロボット化の波」「5Gがもたらすハードウェアの技術革新」「家電製品の技術革新など省電力化の波」「人手不足を背景とする物流革命」によって生じる事業機会への投資も怠らない。実際, 日本電産はこれまでに60件を超える **M&A** (☞第5章：63頁) を行い, 成長のテコとしてきた。直近では, EV（電気自動車）駆動モーターなどの開発拠点を中国大連市に新設するために約1,000億円を投じている。

5つの大波の予測は近未来の事業機会を裏付けるものであるが, 永守氏によるこうした大波の予測こそが, 日本電産の成長を支える千里眼となっているのは言うまでもない。日本電産は創業当初, 家電用のモーターを**コア事業** (☞第2章：17頁) にして細々と商売をしていたが, 日本での需要が高まらなかったことから米国市場に目を向けた。1978年に売り込みのために訪れた米国で, PCの記録媒体として当時全盛だったフロッピーディスクに代わり, ハードディスクドライブ（HDD）の開発が進んでいるとの情報を入手して, HDDの生産に経営の舵を切った。翌年にはサンプルを出荷して, 当時は無謀と言われるほどの巨額投資をして量産体制を整え, 1980年から大々的に市場への投入を始めた。これを契機に会社は急成長を遂げたのである。

このように, 日本電産はこれまで永守氏の千里眼により近未来の事業機会を捉えて, モーター分野をはじめさまざまな市場でトップシェアを獲得してきた。たとえば, HDD用の小型精密モーターの世界シェアは85％と圧倒的なシェアを占めている。また, 銀行端末用カードリーダと光ディスク用装置モーターの世界シェアはそれぞれ80％, 75％で, いずれもトップシェアを達成している。これらの事業で獲得した収益は, 新規事業への投資に向けられ, 新たなコア事業へと孵化させている。

また, 電動パワーステアリング（パワステ）用のモーターでも世界第1位のシェアを獲得している。市場に進出したのは1995年であるが, 当時, パワステと言えば, 油圧式が主流であった。電動パワステのモーターは技術的に難しく市場もまだ小さかったが, 省燃費効果が大きい電動パワステの時代が必ず来ると確信して, 新しいモーターの開発に乗り出した。黒字化には10年の期間

を要したが，競合企業に先行して市場に参入し投資を行ったことから，トップシェアを獲得するに至っている [**先行者の利益**]（☞ 第6章：92頁）。

　このように，永守氏は強力な**リーダーシップ**（☞ **本章：191頁**）で日本電産を1兆5,000億円企業に育て上げた。将来起こり得る社会の変化や経済の波動を千里眼で予測し，次にどのような需要が顕在化するかを読み取り，自社の**経営資源**（☞ **第1章：5頁・第5章：63頁・第6章：87頁**）を投入して一気に事業機会をものにすることで，会社を成長させてきた。また，社会や経済が危機的な状況にあるときには，WPRを立ち上げ，コスト削減の徹底と生産性向上という2つの課題に取り組むことで，経営効率を高めることに成功している。まさに，プッシュとプルの両方で経営を上手にかじ取りすることで，未来を切り開き続けてきたのである [**PM理論**]（☞ **本章：194頁**）。

1. リーダーシップとは

- リーダーシップは時代とともに，その定義がさまざまに変容してきた概念のひとつである。従来の考え方を用いれば，リーダーシップとは対人的影響力の一形態で，経営学では，「リーダーが自らの行動を通じて，部下が目標達成に向けて動機付けられたり行動したりするよう影響を与えること」を示すものであった。

- 近年では，この考え方にいくつかの要因が追加された研究が展開されているが，大きな流れとして示されたのは2つである。

- 1つ目は，リーダーの影響力が及ぶ部下，すなわちフォロワーが受動的ではなく能動的な行動をとることにより，組織や集団を機能させることである。すなわち，フォロワーはリーダーの言質にただ従うだけでなく，自分たちが何を求められているかを理解し，それらをなぜ行わなければならないかを考えるようにならないと組織や集団は上手く機能しないということである。

- 2つ目は，リーダーシップは地位や立場が上位にあるリーダーのみが発揮するのではなく，組織や集団を十分に機能させることができれば，部下やメンバーからいかなる人に対しても発揮することができるという点である。

- リーダーシップ理論の研究は，1900年代から米国を中心に行われてきた。

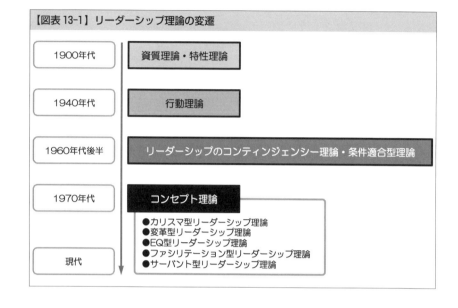

【図表 13-1】 リーダーシップ理論の変遷

1900年代	資質理論・特性理論
1940年代	行動理論
1960年代後半	リーダーシップのコンティンジェンシー理論・条件適合型理論
1970年代	コンセプト理論
現代	●カリスマ型リーダーシップ理論 ●変革型リーダーシップ理論 ●EQ型リーダーシップ理論 ●ファシリテーション型リーダーシップ理論 ●サーバント型リーダーシップ理論

1940年代までは，リーダーシップの源泉は，知性や性格，個性，あるいは肉体的特徴といったリーダー個人の資質や特性にあるとする考え方が中心であった。こうした考え方は，「資質理論」もしくは「特性理論」と呼ばれる（図表13-1）。

● 1950年代に入ると，リーダーがとる行動に着目し，優れたリーダーはどのような行動をとるのかといった視点から，リーダーのさまざまな行動が分析された。いわゆる「行動理論」と呼ばれる研究である。

● 1960年代の後半には，リーダーシップはリーダーの行動のみで決まるのではなく，ビジネス環境などによりリーダーシップ行動は変化する，すなわち最善の方法はひとつではなく，状況に応じて有効なリーダーシップのスタイルが変化するという研究にリーダーシップ論は発展した。こうした研究は，「リーダーシップのコンティンジェンシー理論」もしくは「条件適合型理論」と呼ばれる。この理論を基にして，その後，数多くの研究・理論（「カリスマ型リーダーシップ理論」や「変革型リーダーシップ理論」など）が生み出されてきた（図表13-1）。

2. 資質理論と行動理論

- 資質理論（特性理論）では，リーダーと非リーダーとを分ける資質や特性に注目し，優れたリーダーに共通する資質を特定化する試みがなされた。知性（学識，判断力，創造性など）や行動力（判断力，協調性，忍耐力など），信頼感（自信，責任感，地位など）などがリーダーシップにつながるとされたが，リーダーシップの源泉を特定化するに至らず，リーダーシップは生来の資質や特質だけで決まるものではないとされた。

- 行動理論はリーダーがとる行動に着目し，優れたリーダーはどのような行動をとるのかといった視点から，リーダーのさまざまな行動が分析された。多くの研究の中で，行動理論として画期的な研究として知られるのが，オハイオ州立大学で展開されたリーダーシップ研究，いわゆるオハイオ研究である。

- オハイオ研究は，リーダーシップ・スタイルを細分化して，どの行動が集団メンバーにどのように作用するかを明確に示した。研究では，集団の業績にこだわらず，リーダーの行動をつぶさに観察して記録しリスト化していく手法がとられた。そのうえで，集団の業績と関連性の高い行動パターンが探索された。観察された行動は 1,700 以上に達し，最終的に集団の行動に強く影響するリーダーシップ行動は，「構造づくり」と「配慮」の 2 つの行動であることが分かった（図表 13-2）。

- 「構造づくりの行動」とは，集団がしっかりと機能し動くよう働きかける行動で，目標を定め達成に向けてメンバーが何をどのようにすべきかなどの道筋を明確に示そうとする仕事中心のリーダー行動である。「配慮の行動」とは，メンバーに人間的な関心を持って気さくに接し，心配りを欠かさず各自の提案を尊重することで，メンバーの個人的欲求を満たそうとするリーダーの行動である。

- 研究では，構造づくりと配慮がそれぞれ独立して集団の業績に影響を与えていることが分かった。つまり，最も望ましいリーダーシップ像は，集団における仕事の仕組み作りをしっかりと行うとともに，個々のメンバーを尊重し上手にコミュニケーションをとりながら個人的欲求を満たすことができるというように，2 つの軸で共に高いレベルを達成することである。

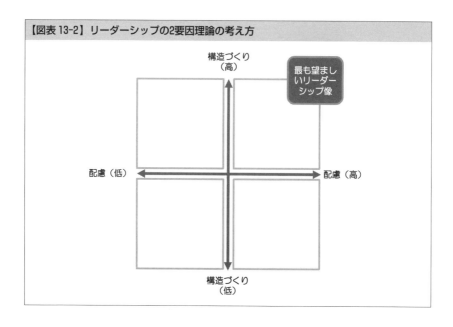

【図表13-2】 リーダーシップの2要因理論の考え方

構造づくり
（高）

最も望ましいリーダーシップ像

配慮（低）

配慮（高）

構造づくり
（低）

このように，オハイオ研究は，構造づくりと配慮という2つの要因でリーダーシップの最善解を示したことから，「リーダーシップの2要因理論」と呼ばれている（図表13-2）。

● この2つの要因を「目標達成機能（Performance：P機能）」と「集団維持機能（Maintenance：M機能）」の2つの機能であると解釈して，「PM理論」を展開したのが三隅二不二（みすみじゅうじ）である。PM理論では，両者の行動が共に高いリーダーシップ・スタイルの下では，集団の生産性や満足度が最も高くなり，いかなる集団も高い業績を示すことが明らかになった（図表13-3）。

3. リーダーシップのコンティンジェンシー理論

● 行動理論とは対照的に，リーダーシップにおいて最善の方法はひとつではなく，有効なリーダーシップのスタイルは状況に応じて変化するというのが，「リーダーシップのコンティンジェンシー理論」もしくは「条件適合型理論」の考え方である。

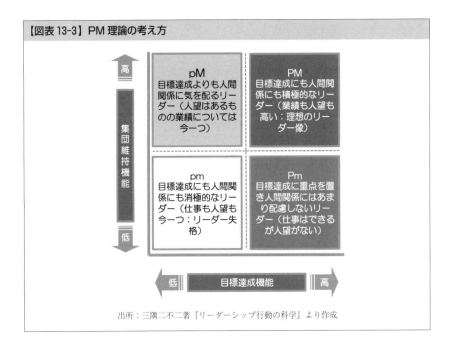

【図表13-3】PM理論の考え方

	pM 目標達成よりも人間関係に気を配るリーダー（人望はあるものの業績については今一つ）	PM 目標達成にも人間関係にも積極的なリーダー（業績も人望も高い：理想のリーダー像）
集団維持機能 高↑／低↓	pm 目標達成にも人間関係にも消極的なリーダー（仕事も人望も今一つ：リーダー失格）	Pm 目標達成に重点を置き人間関係にはあまり配慮しないリーダー（仕事はできるが人望がない）

低　目標達成機能　高

出所：三隅二不二著『リーダーシップ行動の科学』より作成

● フィードラー（Fiedler, F. E.）は，状況に応じて異なるという意味で，リーダーシップにコンティンジェンシー理論の考え方を導入した最も初期の研究者である。

● フィードラーは，リーダーシップ・スタイルの有効性は，「リーダーとメンバー間の人間関係の好悪度」，「タスクが構造化されている程度」，「リーダーの職位に基づく権限の強さ」の3つの状況要因に依存することを明らかにした。これら3つの状況要因の組み合わせにより，リーダーとして思うままに振る舞うことができるかが決まることから，その程度のことを「状況好意性」と呼んだ。

● フィードラーのコンティンジェンシー・モデルでは，リーダーシップの特性を「一緒に仕事をするのが最も嫌いな同僚（Leased Preferred Coworker：LPC）」の概念を用いて，リーダーにLPCに該当する人を評価してもらうことでLPCスコアを分類する。LPCスコアが高いリーダーは，嫌いな同僚であっても好意的な評価をしていることから，人間関係志向が高いリー

【図表13-4】LPC 尺度質問票

●好感が持てる	8	7	6	5	4	3	2	1	○嫌な
●愛想が良い	8	7	6	5	4	3	2	1	○愛想が悪い
●拒む	1	2	3	4	5	6	7	8	○受容的な
●張り詰めた	1	2	3	4	5	6	7	8	○リラックスした
●遠く感じる	1	2	3	4	5	6	7	8	○近く感じる
●冷たい	1	2	3	4	5	6	7	8	○暖かい
●味方となる	8	7	6	5	4	3	2	1	○敵意のある
●退屈な	1	2	3	4	5	6	7	8	○興味が持てる
●喧嘩になる	1	2	3	4	5	6	7	8	○折り合いがつける
●憂鬱になる	1	2	3	4	5	6	7	8	○楽しくなる
●オープンな	8	7	6	5	4	3	2	1	○用心深い
●陰口を言う	1	2	3	4	5	6	7	8	○義理堅い
●信用できない	1	2	3	4	5	6	7	8	○信用できる
●思いやりがある	8	7	6	5	4	3	2	1	○思いやりがない
●意地悪な	1	2	3	4	5	6	7	8	○親切な
●感じが良い	8	7	6	5	4	3	2	1	○感じが悪い
●不誠実な	1	2	3	4	5	6	7	8	○誠実な
●優しい	8	7	6	5	4	3	2	1	○思いやりがない

合計

出所：Fiedler, F. E. & M. M. Chemers [1984] *Improving Leadership Effectiveness : The Leader Match Concept*（2nd Ed.）より作成

ダーであるとみなした。逆に，LPC スコアが低いリーダーは，嫌いな同僚を否定的に評価していることから，仕事（タスク）への志向が強いリーダーであるとみなした（図表13-4）。

● 結果として，仕事志向のリーダーが高い成果を上げるのは，状況好意性が高い状況と低い状況で，他方，人間関係志向のリーダーが高い成果を上げるのは，状況好意性が中程度の状況であることが明らかになった（図表13-5・図表13-6）。

4. SL 理論

● フィードラー・モデルは，リーダーシップの形を両極端の一次元として捉え，仕事志向と人間関係志向は両立しがたいという前提に立っている。これに対して，仕事志向と人間関係志向の2つを独立させて二次元の軸として捉え，「部下の成熟度」という状況要因を導入して，状況による有効性

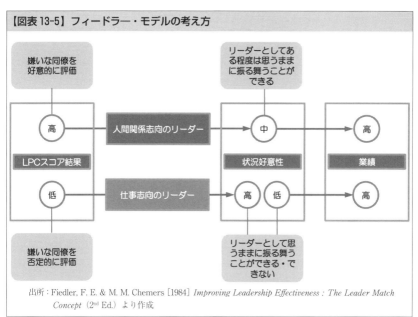

【図表13-5】フィードラー・モデルの考え方

出所：Fiedler, F. E. & M. M. Chemers［1984］*Improving Leadership Effectiveness : The Leader Match Concept*（2nd Ed.）より作成

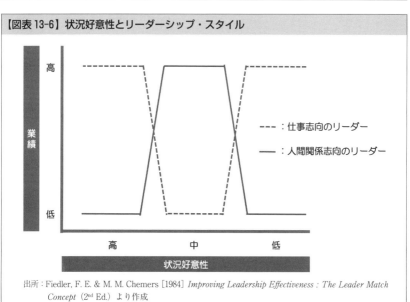

【図表13-6】状況好意性とリーダーシップ・スタイル

出所：Fiedler, F. E. & M. M. Chemers［1984］*Improving Leadership Effectiveness : The Leader Match Concept*（2nd Ed.）より作成

を検討したのがハーシィ（Hersey, P.）とブランチャード（Blanchard, K. H.）による「リーダーシップの状況理論（Situation Leadership Theory：SL理論）」である。ここで言う部下の成熟度とは，「部下の目標達成意欲」，「責任負担の意思と能力」，「集団における経験」の3つの項目で図られる得点の合計値として示される。

- SL理論では，まず，仕事志向と人間関係志向の強弱によりリーダーシップを4つのカテゴリーに分けたうえで，リーダーがとる行動を部下にガイダンスを与えるような「指示的行動」と支援的な行動である「協労的行動」の2つの独立した軸で表し，それぞれの状況でリーダーシップの有効性を高めていくにはどうすれば良いかを部下の成熟度に従って示している（図表13-7）。

- 部下の成熟度が低い場合には，仕事の内容を具体的に指示し事細かに監督するという「教示的なリーダーシップ」が有効となる（仕事志向が高く人間関係志向が低いリーダーシップ：第1象限）（図表13-7）。

- 部下が少しずつ成熟度を高めてくると，リーダーとしての考えを説明し部下の疑問に答え上手にコミュニケーションをとりながら部下の同意を得るといった「説得的なリーダーシップ」が有効となる（仕事志向も人間関係志向も高いリーダーシップ：第2象限）（図表13-7）。

- さらに，部下の成熟度が高まった状況においては，あまり指示的にはならずにお互いに考えを合わせて決められるような「参加的なリーダーシップ」が有効となる（仕事志向が低く人間関係志向が高いリーダーシップ：第3象限）（図表13-7）。

- 部下の成熟度が増し完全に自律性を高めた状況では，部下に仕事遂行の責任を委ねる「委任的なリーダーシップ」が有効となる（仕事志向も人間関係志向も最小限のリーダーシップ：第4象限）（図表13-7）。

- このように，SL理論では，リーダーシップの発揮は部下の成熟度という状況要因に依存しており，それぞれの状況に応じて有効なるリーダーシップ・スタイルは，教示的，説得的，参加的，委任的なリーダーシップへと変化する（図表13-7）。

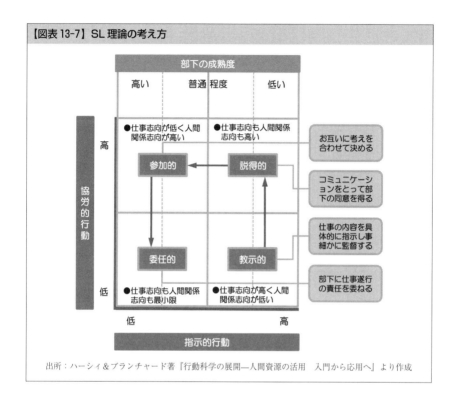

【図表 13-7】SL 理論の考え方

部下の成熟度

高い　　普通 程度　　低い

●仕事志向が低く人間　　●仕事志向も人間関係
関係志向が高い　　　　　志向も高い

お互いに考えを
合わせて決める

参加的　　←　説得的

コミュニケーション
をとって部下の同意を得る

協労的行動

委任的　　　教示的

仕事の内容を具体的に指示し事細かに監督する

●仕事志向も人間関係　　●仕事志向が高く人間
志向も最小限　　　　　関係志向が低い

部下に仕事遂行の責任を委ねる

低　　　　　　　　　高

指示的行動

出所：ハーシィ＆ブランチャード著『行動科学の展開—人間資源の活用　入門から応用へ』より作成

5. 変革型リーダーシップ理論

● ある企業の業績が V 字回復したといったニュースがメディアなどで取り上げられるように，企業や組織が経営危機などに陥り大胆な変革を求められる状況にある場合，「変革型リーダーシップ」をとることが効果的である。

● 変革型リーダーシップが唱えられた背景には，1980 年代の米国製造業の衰退による企業変革の波がある。日本やドイツなどの新興工業国の成長に押され，米国では自動車や家電，鉄鋼などの業種が苦境に立たされた。クライスラーのリー・アイアコッカやゼネラル・エレクトロニックのジャック・ウェルチなどに代表されるカリスマ性と革新性を備えたリーダーが現れ，その強力なリーダーシップの下で変革が推進された。

【図表13-8】コッターによるリーダシップとマネジメントの違い

項目	リーダーシップ	マネジメント
役割	● 組織をより良くするための変革を成し遂げる	● 複雑な環境にうまく対処し既存のシステムの運営を続ける
課題達成プロセス	① 進路の設定 ② 人心の統合 ③ 動機付けと啓発	① 計画立案と予算策定 ② 組織化と人材配置 ③ コントロールと問題解決

● リーダーシップ論の権威である米国のコッター（Kotter, J. P.）は，「リーダーシップは変革能力であり，マネジメントは管理能力である」と述べ，多くの企業では，マネジメント能力に長けているリーダーは多いが，変革をもたらすリーダーシップ能力を持ったリーダーが不在であるとの状況を問題視して，1988 年に変革型リーダーシップ理論を唱えた（図表13-8）。

● コッターは，従来のマネジメントを全面的に否定したわけではなく，組織にはマネジメントとリーダーシップの両方が必要であると主張して，両者の役割と課題達成プロセスの違いを明確に示している。

● コッターは，1980 年代以降米国で多くの企業が変革を試みたが，そのほとんどが失敗もしくは成果を十分に出すことができずに終わったことを踏まえて，そうした失敗をもたらした結果には 2 つの大きな要因があることを指摘している。

● 1 つ目は，変革には時間を要するにもこだわらず，変革に必要な 8 段階のプロセスを省いてしまったことである。2 つ目は，変革のプロセスが順調に進んでいても，阻害要因への対応が臨機応変にできなかったため，それまでのプロセスが無に帰してしまったことである。

● コッターは多くの事例を分析したうえで，変革に必要な 8 段階のプロセスと課題を示し，組織を変革させるために必要なのは，あくまでもリーダーシップであることを主張した（図表13-9）。

● コッターは，変革型リーダーシップには「対人能力」と「高いエネルギーレベル」というリーダーとしての 2 つの能力が必要であると主張する。す

【図表 13-9】 ココッターによる変革の 8 段階プロセス

段階	テーマ	課題
第1段階	● 緊急課題であるという認識の設定	・ 市場を分析し競合状態を把握すると共に，現在の危機状況や今後表面化しうる問題やチャンスを認識し議論する
第2段階	● 強力な推進チームの結成	・ 変革プログラムを率いる力のあるグループを結成し，ひとつのチームとして活動するように促す
第3段階	● ビジョンと戦略の策定	・ 変革プログラムの方向性を示すビジョンを策定し，そのビジョンの実現のための戦略を立案する
第4段階	● 徹底したビジョンの伝達	・ あらゆる手段を利用し新しいビジョンや戦略を伝達するとともに，推進チームが手本となって新しい行動様式を伝授する
第5段階	● 社員のビジョン実現へのサポート	・ 変革への障害物を排除しビジョンの根本を揺るがす制度や組織を変更する。リスクを恐れず伝統に捕われない行動を奨励する
第6段階	● 短期的成果をあげる計画策定・実行	・ 目に見える業績改善計画を策定し実現するとともに，改善に貢献した社員を表彰し報酬を支給する
第7段階	● 改善成果の定着と更なる変革の実現	・ 勝ちえた信頼を利用しビジョンに沿わない制度などを改め，相応の社員を採用し育成する。改革プロセスを再活性化する
第8段階	● 新しいアプローチを根付かせる	・ 新しい行動様式と企業主体の成功の因果関係を明確にするとともに，新しいリーダーシップの育成と引き継ぎの方法を確立する

出所：コッター著『I企業変革力』より作成

なわち，変革を起こすには，組織内外を問わず多くの人間とコミュニケーションをとり関係を維持しなければならないことや，組織を率いてビジョンを達成するには変革を起こそうという強烈なエネルギーがなければならないことの2つである。こうしたリーダーとしての2つの能力は，幼少期や仕事の経験，所属した組織の文化などに大きく影響されるとも述べている。

参考文献

第 1 章

1. トヨタホームページ・ニュースルーム「役員人事および幹部職の担当変更，組織改正，人事異動について」(2019 年 12 月 4 日)，https://global.toyota/jp/newsroom/corporate/30923536.html

2. トヨタホームページ「役員体制の変更および組織改正に関するお知らせ」(2020 年 3 月 3 日)，https://www.nikkei.com/nkd/disclosure/tdnr/c6nm6t/

3. トヨタホームページ・ニュースルーム「役員体制の変更，および幹部職の担当変更，人事異動について」(2020 年 6 月 30 日)，https://global.toyota/jp/newsroom/corporate/34423757.html

4. トヨタホームページ・ニュースルーム「役員人事，幹部職人事および組織改正について」(2020 年 12 月 3 日)，https://global.toyota/jp/newsroom/corporate/34423757.html

5. NHK・NEWS WEB「トヨタなど設立の新会社 自動運転車を年内にも披露の意向」(2021 年 1 月 29 日)，https://www3.nhk.or.jp/news/html/20210129/k10012840411000.html

6. 朝日新聞デジタル「デンソー，役員「スリム化」で常務廃止へ トヨタに追随」(2019 年 2 月 19 日)，https://www.asahi.com/articles/ASM2L4HZ7M2LOIPE014.html

7. P. F. ドラッカー（上田惇生訳）[2008]『ドラッカー名著集 13 マネジメント [上]—課題，責任，実践』ダイヤモンド社

8. P. F. ドラッカー（上田惇生訳）[2008]『ドラッカー名著集 14 マネジメント [中]—課題，責任，実践』ダイヤモンド社

9. P. F. ドラッカー（上田惇生訳）[2008]『ドラッカー名著集 15 マネジメント [下]—課題，責任，実践』ダイヤモンド社

10. 神田秀樹 [2020]『会社法 第 22 版』弘文堂

11. 友岡賛著 [1998]『株式会社とは何か』講談社

第 2 章

1. 一般社団法人日本 IR 協議会「活動内容」，https://www.jira.or.jp/activity/bluechip.

html

2．『DIAMOND ハーバード・ビジネス・レビュー』2020 年 7 月号「リーダーという仕事」（ダイヤモンド社）

3．Berle. A. A. & G. C. Means［1932］*The Modern Corporation and Private Property*, New York: Macmillan（北島忠男訳［1958］『近代株式会社と私有財産』文雅堂書店）

4．Burnham, J.［1941］*The Managerial Revolution; what is Happening in the World*, New York: The John Day Company（武山泰雄訳［1965］『経営者革命』東洋経済新報社）

5．土屋守章 ,・岡本久吉［2003］『コーポレート・ガバナンス論』有斐閣

第 3 章

1．日本経済新聞デジタル版「正社員の副業解禁 ロート製薬」（2019 年 6 月 3 日 7:00），https://www.nikkei.com/article/DGXMZO45529090R30C19A5AA1P00/

2．『DIAMOND ハーバード・ビジネス・レビュー』2017 年 9 月号「燃え尽きない働き方」（ダイヤモンド社）

3．TECH＋「小遣い稼ぎの推奨じゃない！ ロート製薬が副業を認めた真の狙いは？」（2016 年 8 月 23 日），https://news.mynavi.jp/article/20160823-lohto/

4．ニュースイッチ「副業・兼務の解禁から 4 年，ロート製薬流で進めるキャリア支援」（2020 年 9 月 16 日），https://newswitch.jp/p/23802

5．P. F. ドラッカー（上田惇生訳）［2008］『ドラッカー名著集 13 マネジメント［上］―課題，責任，実践』ダイヤモンド社

6．P. F. ドラッカー（上田惇生訳）［2008］『ドラッカー名著集 14 マネジメント［中］―課題，責任，実践』ダイヤモンド社

7．P. F. ドラッカー（上田惇生訳）［2008］『ドラッカー名著集 15 マネジメント［下］―課題，責任，実践』ダイヤモンド社

8．Fayol, J. H.［1917］*Administration Industrielle et Generale*, Paris: Dunod & Pinat（山本安次郎訳［1985］『産業ならびに一般の管理』ダイヤモンド社）

9．Tayler, F. W.［1911］*The Principles of Scientific Management*, New York & London: Harper Brothers（上野陽一訳・編［1961］『科学的管理法』産業能率大学出版部）

10．M. ウェーバー（大塚久雄訳）［1989］『プロテスタンティズムの倫理と資本主義の精神』岩波書店

11．Mayo, E.［1933］*The Human Problems of an Industrial Civilization*, New York,

NY: The Viking Press, Inc.（村本栄一訳［1967］『（新訳）産業文明における人間問題』日本能率協会）

12. F. J. レスリスバーガー（野田一夫・川村欣也訳）［1954］『経営と勤労意欲』ダイヤモンド社

13. Maslow, A. H.［1954］*Motivation and Personality*, Cambridge, New York: Harper & Row（小口忠彦訳［1987］『人間性の心理学―モチベーションとパーソナリティ』産業能率大学出版部）

14. D. マグレガー（高橋達男訳）［1970］『企業の人間的側面―統合と自己統制による経営』産業能率大学出版部

15. Barnard, C. I.［1938］*The Functions of the Executive*, Cambridge, Mass: Harvard University Press（山本安次郎・田杉競・飯野春樹訳［1968］『新訳　経営者の役割』ダイヤモンド社）

16. Simon, H. A.［1947］*Administration Behavior: A Study of Decision-Making Processes in Administrative Organization*, Cambridge, New York. The Macmillan Company（小口忠彦訳［1987］『経営行動―経営組織における意思決定過程の研究』ダイヤモンド社）

第4章

1. Ansoff, H. I.［1965］*Corporate Strategy*, New York: McGraw-Hill（広田寿亮訳［1977］『企業経営論』産業能率大学出版部）

2. D. A. アーカー（野中郁次郎・石井淳蔵・北洞忠宏訳）［1986］『戦略市場経営：戦略をどう開発し評価し実行するのか』ダイヤモンド社

3. H. ミンツバーグ・B. アルストランド・J. ランベル（斎藤嘉則・奥沢朋美・木村充・山口あけも訳）［1999］『戦略サファリ・戦略マネジメント・ガイドブック』東洋経済新報社

4. 『DIAMOND ハーバード・ビジネス・レビュー』2018 年 10 月号「競争戦略より大切なこと」（ダイヤモンド社）

5. M. E. ポーター（土岐坤訳）［1985］『競争優位の戦略―いかに高業績を持続させるか』ダイヤモンド社

6. 雨宮寛二［2012］『アップル，アマゾン，グーグルの競争戦略』NTT 出版

7. A. D. チャンドラー , Jr.（有賀裕子訳）［2004］『組織は戦略に従う』ダイヤモンド社

8. A. D. チャンドラー , Jr.（三菱経済研究所訳）［1967］『経営戦略と組織』実業之日本社

9．A. D. チャンドラー , Jr.（鳥羽欽一郎・小林袈裟治訳）［1979］『経営者の時代 上―アメリカ産業における近代企業の成立』東洋経済新報社

10．A. D. チャンドラー , Jr.（鳥羽欽一郎・小林袈裟治訳）［1979］『経営者の時代 下―アメリカ産業における近代企業の成立』東洋経済新報社

11．A. D. チャンドラー , Jr.（安部悦生・工藤 章・日高千景・川辺信雄・西牟田祐二・山口 一臣訳）［1993］『スケールアンドスコープ―経営力発展の国際比較』有斐閣

12．Hamel, G. & C. K. Prahalad ［1990］ *Competing for the Future,* Boston Mass.: Harvard Business School Press（一條和生訳 ［2001］『コア・コンピタンス経営』日本経済新聞出版社）

第5章

1．Henderson, B. D. ［1979］ *Henderson on Corporate Strategy,* Cambridge, Mass: AbtBooks（土岐坤訳 ［1981］『経営経営の核心』ダイヤモンド社）

2．A. ガワー・M. A. クスマノ（小林敏男訳）［2005］『プラットフォーム・リーダーシップ：イノベーションを導く新しい経営戦略』有斐閣

3．Barney, J. B. ［2002］ *Gaining and Sustaining Competitive Advantage,* Second Edition, Englewood Cliffs, N.J.: Prentice-Hall（岡田正大訳 ［2003］『企業戦略論：競争優位の構築と持続【下】全社戦略編』ダイヤモンド社）

4．『DIAMOND ハーバード・ビジネス・レビュー』2018 年 11 月号「AI アシスタントが変える顧客戦略」（ダイヤモンド社）

5．雨宮寛二 ［2019］『サブスクリプション』KADOKAWA

6．雨宮寛二 ［2017］『IT ビジネスの競争戦略』KADOKAWA

第6章

1．M. E. ポーター（土岐坤訳）［1985］『競争優位の戦略―いかに高業績を持続させるか』ダイヤモンド社

2．M. E. ポーター（土岐坤・服部照夫・中辻万治訳）［1995］『競争の戦略』ダイヤモンド社

3．Barney, J. B. ［2002］ *Gaining and Sustaining Competitive Advantage,* Second Edition, Englewood Cliffs, N.J.: Prentice-Hall（岡田正大訳 ［2003］『企業戦略論：競争優位の構築と持続【上】全社戦略編』ダイヤモンド社）

4．『DIAMOND ハーバード・ビジネス・レビュー』2018 年 4 月号「その戦略は有効か 転換点を見極める」（ダイヤモンド社）

5．Prahalad, C. K. & G. Hamel［1990］"The Core Competence of the Corporation," *Harvard Business Review*

6．Hamel, G. & C. K. Prahalad［1990］*Competing for the Future*, Boston Mass.: Harvard Business School Press（一條和生訳［2001］『コア・コンピタンス経営』日本経済新聞出版社）

7．Stalk, G. Jr., Evans, P. & L. E. Shulman［1992］"Competing on Capabilities: The New Rules of Corporate Strategy," *Harvard Business Review*

第7章

1．Schumpeter, J. A.［1926］*Theorie der Wirtschaftlichen Entwicklung,* 2. Auf, München: Leipzig: Duncker & Humblot（塩野谷祐一・東畑精一・中山伊知郎訳［1980］『経済発展の理論』岩波新書）

2．E. ロジャーズ（三藤利雄訳）［2007］『イノベーションの普及』翔泳社

3．『DIAMOND ハーバード・ビジネス・レビュー』2018 年 1 月号「テクノロジーは戦略をどう変えるか」（ダイヤモンド社）

4．日本サービス大賞　第 3 回受賞サービス　内閣総理大臣賞，https://service-award.jp/result_detail03/prime.html

5．雨宮寛二［2015］『アップル，アマゾン，グーグルのイノベーション戦略』NTT 出版

6．J. ムーア（川又政治訳）［2002］『キャズム』翔泳社

7．Christensen, C.［1997］*The Innovator's Dilemma: When New Technologies Cause Great Firms to Fail,* Cambridge Mass.: Harvard Business School Press（伊豆原弓訳［2001］『イノベーションのジレンマ―技術革新が巨大企業を滅ぼすとき』翔泳社）

8．H. W. チェスブロウ（大前恵一朗訳）［2004］『OPEN INNOVATION』産業能率大学出版部

第8章

1．Ghemawat, P.［2003］"Semiglobalization and International Business Strategy," *Journal of International Business Studies*

2．C. A. バートレット・S. ゴシャール（吉原英樹訳）［1990］『地球市場時代の企業戦略―トランスナショナル・マネジメントの構築』日本経済新聞出版社

3．Prahalad, C. K. & Y. L. Doz［1987］*The Multinational Mission: Balancing Local Demands and Global Vision,* Free Press

4．『DIAMOND ハーバード・ビジネス・レビュー』2017 年 10 月号「グローバル戦略の再構築」（ダイヤモンド社）

5．Barney, J. B.［2002］*Gaining and Sustaining Competitive Advantage*, Second Edition, Englewood Cliffs, N.J.: Prentice-Hall（岡田正大訳［2003］『企業戦略論：競争優位の構築と持続【下】全社戦略編』ダイヤモンド社）

6．J. M. ストップフォード・L. T. ヴェルズ（山崎清訳）［1976］『多国籍企業の組織と所有政策：グローバル構造を超えて』ダイヤモンド社

第 9 章

1．P. コトラー・G. アームストロング（恩藏直人監修・月谷真紀訳）［2014］『コトラーのマーケティング入門　第 4 版』丸善出版

2．P. コトラー・T. ヘイズ・P. ブルーム（白井義男・平林祥訳）［2002］『コトラーのプロフェッショナル・サービス・マーケティング』ピアソン・エデュケーション

3．P. コトラー・K. L. ケラー著（恩藏直人監修・月谷真紀訳）［2008］『コトラー＆ケラーのマーケティング・マネジメント』ピアソン・エデュケーション

4．株式会社良品計画ホームページ　企業概要（2021 年 2 月 5 日），https://ryohin-keikaku.jp/corporate/overview.html

5．『DIAMOND ハーバード・ビジネス・レビュー』2018 年 5 月号「会社はどうすれば変われるのか」（ダイヤモンド社）

第 10 章

1．『DIAMOND ハーバード・ビジネス・レビュー』2021 年 2 月号「組織のレジリエンス」（ダイヤモンド社）

2．Barnard, C. I.［1938］*The Functions of the Executive*, Cambridge, Mass: Harvard University Press（山本安次郎・田杉競・飯野春樹訳［1968］『新訳　経営者の役割』ダイヤモンド社）

3．Tayler, F. W.［1911］*The Principles of Scientific Management*, New York & London: Harper Brothers（上野陽一訳・編［1961］『科学的管理法』産業能率大学出版部）

4．Simon, H. A.［1960］*The New Science of Management Decision*, Englewood Cliffs, N. J.: Prentice-Hall（稲葉元吉・倉井武夫訳［1979］『意思決定の科学』産業能率大学出版部）

5．Simon, H. A.［1977］*The New Science of Management Decision*, Rev. ed., Englewood Cliffs, N. J.: Prentice-Hall

6. Simon, H. A. [1997] *Administration Behavior: A Study of Decision-Making Processes in Administrative Organization*, Cambridge, New York: The Macmillan Company（小口忠彦訳 [1987]『経営行動−経営組織における意思決定過程の研究』ダイヤモンド社）

7. M. ウェーバー（阿閉吉男・脇圭平訳）[1987]『官僚制』恒星社厚生閣

8. R. K. マートン（森東吾・森好夫・金沢実・中島竜太郎訳）[1961]『社会理論と社会構造』みすず書房

9. A. D. チャンドラー, Jr.（有賀裕子訳）[2004]『組織は戦略に従う』ダイヤモンド社

10. A. D. チャンドラー, Jr.（三菱経済研究所訳）[1967]『経営戦略と組織』実業之日本社

第 11 章

1. 柴田悟一・中橋国蔵 [2003]『経営管理の理論と実際（新版）』東京経済情報出版

2. 山田耕嗣・佐藤秀典 [2014]『コア・テキスト マクロ組織論』新世社

3. 日立ホームページ　バックナンバー　2018, Vol.100, No.2「OT，IT，プロダクトの融合による魅力あるまちづくり　日立のアーバンソリューション」, https://www.hitachihyoron.com/jp/archive/2010s/2018/02/concept/index.html

4. 『DIAMOND ハーバード・ビジネス・レビュー』2016 年 7 月号「組織の本音」（ダイヤモンド社）

5. Galbraith, J. [1973] *Designing Complex Organizations. Reading*, MA: Addison-Wesley（梅津祐良訳 [1980]『横断組織の設計』ダイヤモンド社）

6. Perrow, C. [1970] *Organizational Analysis: A Sociological View*, Belmont: Wadsworth（岡田至雄訳 [1973]『組織の社会学』ダイヤモンド社）

7. Thompson, J. D. [1967] *Organization in Action*, New York: McGraw-Hill（鎌田伸一・新田義則・二宮豊志訳 [1987]『オーガニゼーション・イン・アクション—管理理論の社会科学的基礎』同文舘出版）

8. Burns, T. & G. M. Stalker [1961] *The Management of Innovation*, London: Tavistock

9. Lawrence, P. R. & J. W. Lorsh [1967] *Organization and Environment: Managing Differentiation and Integration*, Boston: Harvard Business School, Division of Research（吉田博訳 [1977]『組織の条件適応理論』産業能率大学出版部）

10. Peters, T. J. & R. H. Waterman, Jr. [1982] *In Search of Excellence: Lessons of*

America's Best-Run Companies, New York: Harper & Row（大前研一訳［1983］『エクセレントカンパニー—超優良企業の条件』講談社）

11．T. E. ディール・A. A. ケネディ（城山三郎訳）［1997］『シンボリック・マネジャー』岩波書店

12．Schein, E. H.［1985］*Organizational Culture and Leadership*, San Francisco: Jossey-Bass（清水紀彦・浜田幸雄訳［1989］『組織文化とリーダーシップ—リーダーは文化をどう変革するか』ダイヤモンド社）

13．Schein, E. H.［1992］*Organizational Culture and Leadership*, 2nd Edition, San Francisco: Jossey-Bass

14．Schein, E. H.［1999］*The Corporate Culture Survival Guide*, San Francisco: Jossey-Bass（金井壽宏監訳，尾川丈一・片山佳代子訳［2004］『企業文化—生き残りの指針』白桃書房）

第12章

1．Maslow, A. H.［1954］*Motivation and Personality*, Cambridge, New York: Harper & Row（小口忠彦訳［1987］『人間性の心理学—モチベーションとパーソナリティ』産業能率大学出版部）

2．Alderfer, C. P.［1972］*Existence, Relatedness, and Growth: Human Needs in Organizational Settings*, New York: Free Press

3．D. マグレガー（高橋達男訳）［1970］『企業の人間的側面—統合と自己統制による経営』産業能率大学出版部

4．Adams, J. S.［1965］"Injustice in Social Exchange," in L. Berkowitz (ed.), *Advances in Experimental Social Psychology*, Vol. 2, New York: Academic Press

5．V. H. ブルーム（坂下昭宣他訳）［1982］『仕事とモチベーション』千倉書房

6．『DIAMOND ハーバード・ビジネス・レビュー』2019 年 11 月号「従業員エンゲージメント」（ダイヤモンド社）

7．F. ハーズバーグ（北野利信訳）［1968］『仕事と人間性—動機づけ—衛生理論の新展開』東洋経済新報社

8．Herzberg, F.［1968］"One More Time: How Do You Motivate Employee?," *Harvard Business Review*, Vol. 46, No. 1

9．Deci, E. L.［1975］*Intrinsic Motivation*, New York: Plenum Press（安藤延男・石田梅男訳［1980］『内発的動機づけ—実験社会心理学的アプローチ』誠信書房）

第13章

1．三隅二不二［1978］『リーダーシップ行動の科学』有斐閣

2．Fiedler, F. E. & M. M. Chemers［1984］*Improving Leadership Effectiveness*： *The Leader Match Concept*, 2nd Ed., Wiley Press

3．F. E. フィードラー（山田雄一監訳）［1970］『新しい管理者像の探求』産業能率大学出版部

4．P. ハーシィ・K. H. ブランチャード（山本成二・成田攻・水野基訳）［1978］『行動科学の展開—人間資源の活用 入門から応用へ』JPC

5．J. P. コッター（梅津祐良訳）［2002］『企業変革力』日経 BP

6．J. P. コッター（金井壽宏・加護野忠男・谷光太郎・宇田川富秋訳）［2009］『J. P. コッター　ビジネス・リーダー論』ダイヤモンド社

7．J. P. コッター（金井壽宏訳）［1984］『ザ・ゼネラル・マネージャー—実力経営者の発想と行動』ダイヤモンド社

8．日本電産株式会社ホームページ　企業情報「精密小型モーター事業本部」, https://www.nidec.com/jp/corporate/about/bu/spms/

9．『DIAMOND ハーバード・ビジネス・レビュー』2020 年 9 月号「戦略的に未来をマネジメントする方法」（ダイヤモンド社）

10．「日本電産の成長戦略」日本電産株式会社　取締役副社長執行役員（CFO）佐藤明, https://www.nidec.com/jp/ir/library/voice/-/media/5550B3A61F3343F68DE4404449EA361D.ashx

11．日本経済新聞社電子版「日本電産「ポスト永守」への試練　部品単品売り脱却へ」（2019 年 6 月 11 日）, https://www.nikkei.com/nkd/industry/article/?DisplayType=1&n_m_code=041&ng=DGXMZO45900370Q9A610C1TJ1000

索　引

著者略歴

雨宮　寛二（あめみや・かんじ）
淑徳大学経営学部　教授
日本電信電話株式会社、公益財団法人中曾根康弘世界平和研究所などを経て現職。
ハーバード大学留学時代に情報通信の技術革新に刺激を受けたことから、長年、イノベーションやICTビジネスの競争戦略に関わる研究に携わり、企業のイノベーション研修や講演、記事連載、TVコメンテーターなどを務める。
単著に『サブスクリプション』『ITビジネスの競争戦略』（いずれもKADOKAWA）、『アップル、アマゾン、グーグルの競争戦略』『アップルの破壊的イノベーション』『アップル、アマゾン、グーグルのイノベーション戦略』（すべてNTT出版）などがあるほか、『角川インターネット講座11 進化するプラットフォーム』（KADOKAWA）や『現代中国を読み解く三要素　経済・テクノロジー・国際関係』（勁草書房）に執筆している。

図でわかる経営マネジメント
事例で読み解く12の視点

2021 年 6 月 25 日　第 1 版第 1 刷発行

著　者　　雨　宮　寛　二

発行者　　井　村　寿　人

発行所　株式会社　勁　草　書　房

112-0005 東京都文京区水道2-1-1　振替　00150-2-175253
（編集）電話 03-3815-5277／FAX 03-3814-6968
（営業）電話 03-3814-6861／FAX 03-3814-6854
本文組版 プログレス・平文社・中永製本

遠藤ひとみ
経営学を学ぶ

A5判　3,080 円

50351-3

板倉宏昭
新訂 経営学講義

A5判　4,180 円

50441-1

山本飛翔
スタートアップの知財戦略
事業成長のための知財の活用と戦略法務

A5判　3,960 円

40375-2

佐藤博樹 編著
ダイバーシティ経営と人材マネジメント
生協にみるワーク・ライフ・バランスと理念の共有

A5判　2,530 円

50466-4

日本政策金融公庫総合研究所 編集／深沼　光・藤田一郎
躍動する新規開業企業
パネルデータでみる時系列変化

A5判　3,850 円

50446-6

ジェームズ・ラム／林　康史・茶野　努 監訳
戦略的リスク管理入門

A5判　6,600 円

50417-6

川島　真・21 世紀政策研究所 編著
現代中国を読み解く三要素
経済・テクノロジー・国際関係

A5判　3,520 円

50471-8

勁草書房刊

＊表示価格は 2021 年 6 月現在。消費税（10％）が含まれています。